essentials

Springer Essentials sind innovative Bücher, die das Wissen von Springer DE in kompaktester Form anhand kleiner, komprimierter Wissensbausteine zur Darstellung bringen. Damit sind sie besonders für die Nutzung auf modernen Tablet-PCs und eBook-Readern geeignet. In der Reihe erscheinen sowohl Originalarbeiten wie auch aktualisierte und hinsichtlich der Textmenge genauestens konzentrierte Bearbeitungen von Texten, die in maßgeblichen, allerdings auch wesentlich umfangreicheren Werken des Springer Verlags an anderer Stelle erscheinen. Die Leser bekommen „self-contained knowledge" in destillierter Form: Die Essenz dessen, worauf es als „State-of-the-Art" in der Praxis und/oder aktueller Fachdiskussion ankommt.

Simon Werther

Geteilte Führung

Ein Überblick über den aktuellen Forschungsstand

Dr. Simon Werther
Münchner Institut für systemische Weiterbildung (misw)
München
Deutschland

ISSN 2197-6708   ISSN 2197-6716 (electronic)
ISBN 978-3-658-05343-7   ISBN 978-3-658-05344-4 (eBook)
DOI 10.1007/978-3-658-05344-4

Die Deutsche Nationalbibliothek verzeichnet diese Publikation in der Deutschen Natio-
nalbibliografie; detaillierte bibliografische Daten sind im Internet über http://dnb.d-nb.de
abrufbar.

Springer Gabler

Gedruckt auf säurefreiem und chlorfrei gebleichtem Papier

Springer Gabler ist eine Marke von Springer DE. Springer DE ist Teil der Fachverlagsgruppe
Springer Science+Business Media
www.springer-gabler.de

Was Sie in diesem Essential finden können

- Anhaltspunkte für die große Bedeutung geteilter Führung, sowohl in der Forschung als auch in der Praxis.
- Einen kompakten Überblick über den aktuellen Forschungsstand zu geteilter Führung und ähnlichen Konstrukten, der auf einem Überblick der bisherigen Führungsforschung aufbaut.
- Systematische Abgrenzungen geteilter Führung zu ähnlichen Konstrukten und eine Darstellung unterschiedlicher wissenschaftlicher Messmethoden.

Vorwort

Dieses Essential beschäftigt sich mit geteilter Führung als moderner Führungsform, um aktuellen Herausforderungen im organisationalen Alltag zu begegnen. Der Beitrag ist dem im Verlag Springer Gabler erschienenen Buch „Geteilte Führung – Ein Paradigmenwechsel in der Führungsforschung" (Werther, 2013) entnommen und wurde für diese Veröffentlichung überarbeitet und aktualisiert. In dem Ursprungswerk sind neben diesem Forschungsstand auch zahlreiche empirische Studien enthalten, beispielsweise eine Metaanalyse zum Zusammenhang von geteilter Führung und Leistung sowie eine qualitative Interviewstudie zu Erfolgsfaktoren geteilter Führung.

Doch bereits der in diesem Essential dargestellte aktuelle Forschungsstand macht deutlich, dass geteilte Führung noch weiter an Bedeutung gewinnen wird.

Inhaltsverzeichnis

Leitet geteilte Führung einen Paradigmenwechsel in der Führungsforschung ein? Nach Raelin (2005) ist es im 21. Jahrhundert sowohl sinnvoll als auch notwendig, dass jeder innerhalb der Organisation zu unterschiedlichen Zeitpunkten Führungsfunktionen übernimmt. Das hängt insbesondere damit zusammen, dass sich die Anforderungen an Organisationen durch zunehmende Globalisierung sowie durch ständig wechselnde Rahmenbedingungen in immer schnellerer Geschwindigkeit stetig verändern. Dadurch werden über den Globus verteilte Teams sowie Aktivitäten in zahlreichen parallelen Projektgruppen in Organisationen zum Alltag, wodurch die Komplexität für Führungskräfte und Mitarbeiter weiter wächst. Bereits Harris und Harris (1989) stellten Ende des 20. Jahrhunderts fest, dass sich sowohl die Arbeitsumgebung als auch die Zusammenarbeit insbesondere von Wissensarbeitern in den nächsten Jahrzehnten grundlegend verändern werden. Darauf aufbauend postuliert Finley (1994), dass sich die Führung insgesamt horizontaler entwickeln wird und hierarchische Strukturen zunehmend an Bedeutung verlieren. Dabei erfolgt heute, 20 Jahre später, insbesondere auch eine Flexibilisierung der Zusammenarbeit durch verbreitete Projektstrukturen innerhalb von Organisationen sowie durch die parallele Zugehörigkeit zu mehreren weltweit vernetzten Teams. Als Ergebnis resultiert daraus eine ausgeprägte Komplexität, die sich sowohl in der Ausgangslage als auch in der Gestaltung der Zusammenarbeit widerspiegelt (Avolio et al. 2009; Morgeson et al. 2010). Zusätzlich nimmt die Bedeutung von Innovationen für die langfristige Existenz von Organisationen immer mehr zu, so dass in diesem Kontext auch in der Praxis neue Führungskonzepte diskutiert werden (Barsh et al. 2008; Brown und Gioia 2002).

S. Werther, *Geteilte Führung*, essentials,
DOI 10.1007/978-3-658-05344-4_1, © Springer Fachmedien Wiesbaden 2014

In dem dargestellten Spannungsfeld werden an das Führungsverhalten im organisationalen Kontext folglich besondere Herausforderungen gestellt, die nicht immer mit den etablierten Führungskonzepten beantwortet werden können: Was stellt eine angemessene Antwort auf diese aktuellen Herausforderungen dar? Kann geteilte Führung ein Bindeglied zwischen etablierten Führungsformen und aktuellen Anforderungen werden?

Die Führungsforschung beschäftigt sich seit Jahrzehnten mit unterschiedlichen Fragestellungen rund um die Person der Führungskraft, um ihr Führungsverhalten sowie um situationale Aspekte (Brodbeck 2008; Yukl 2006). Dabei ist der Fokus erst vor wenigen Jahren auf strukturelle Aspekte der Führung gelegt worden, d. h. geteilte Führungsprozesse, die von mehr als einer Führungskraft ausgeübt werden (Avolio et al. 1996; Brown 1986). Diese Perspektive auf Führung bringt zahlreiche Besonderheiten mit sich, nachdem per Definition mehrere Personen Führungseinflüsse ausüben und somit unzählige Verteilungen des Führungseinflusses innerhalb eines Teams oder innerhalb einer Organisation denkbar sind (Mehra et al. 2006; Pearce 2004). Als Antwort auf die im vorherigen Abschnitt aufgeführten Herausforderungen des 21. Jahrhunderts kann diese Perspektive auf Führung unter anderem deshalb dienen, weil die zunehmende Komplexität sowohl der Anforderungen als auch der Zusammenarbeit durch geteilte Führung auf realistischere Weise innerhalb eines Teams oder einer Organisation verteilt wird. Daraus resultiert, dass unterschiedliche Kompetenzen und Charakteristika mehrerer Führungskräfte positiv zum Tragen kommen, wie es analog in der aktuellen Forschung zu Diversität und Inklusion thematisiert wird (Mamman et al. 2012; Waldersee und Eagleson 2002). Shondrick, Dinh und Lord (2010) zeigen auf, dass es aufgrund der wachsenden Komplexität in Organisationen immer wichtiger wird, dass unterschiedliche Personen zu unterschiedlichen Zeitpunkten ihre besonderen Führungskompetenzen einbringen. Folglich muss Führung ein kollaborativer und kollektiver Prozess sein, um langfristige Effektivität und Beständigkeit am Markt zu gewährleisten (Raelin 2005). Dies zeigt Raelin (2005) anhand seiner Grundsätze der Führung, die in Abb. 1.1 dargestellt sind. Eine erfolgreiche Organisation zeichnet sich in der heutigen Zeit demnach durch eine Führungsstruktur und ein Führungsleitbild aus, das von simultanen, kollektiven, kollaborativen und anteilnehmenden Grundsätzen geprägt ist.

Geteilte Führung ist allerdings ein Paradox. Auf der einen Seite bietet geteilte Führung die Möglichkeit der Bewältigung von Komplexität, da mehrere Führungskräfte ihre unterschiedlichen Kompetenzen und Charakteristika kombinieren können. Doch auf der anderen Seite birgt geteilte Führung die Gefahr, dass die Komplexität durch die kollektiven Prozesse noch weiter zunimmt. Das

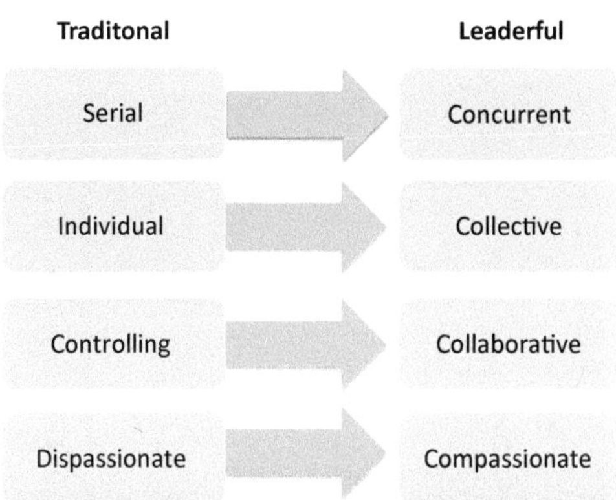

Abb. 1.1 Grundsätze der Führung (Raelin 2005, S. 24)

merkt bereits Barry (1991) an, der Konflikte als Gefahr herausarbeitet. Eine wichtige Rahmenbedingung für organisationale Effektivität ist somit die Gestaltung der Zusammenarbeit innerhalb des Teams oder der Organisation sowie die personale Zusammensetzung, um von den positiven Effekten geteilter Führung zu profitieren und negativen Effekten durch entsprechende Interventionen entgegenzuwirken. Bereits an dieser Stelle kann somit angemerkt werden, dass geteilte Führung keineswegs in allen Fällen ohne Herausforderungen bzgl. der Führungskräfte und der Mitarbeiter in Organisationen implementiert und erfolgreich gelebt werden kann.

Forschungsüberblick zu Führung 2

Eine Auseinandersetzung mit der historischen Entwicklung geteilter Führung beginnt schlüssigerweise mit einer Definition von Führung sowie mit einer Klassifikation der bisherigen Führungsforschung, um darauf aufbauend die Besonderheiten von geteilter Führung herauszuarbeiten und das Konstrukt in den bisherigen Forschungsstand einzuordnen.

2.1 Definition von Führung

In der Forschung existieren zahlreiche Definitionen von Führung. So stellte bereits Stogdill (1974) fest, dass beinahe so viele Definitionen von Führung existieren wie Definitionsversuche für Führung unternommen wurden. Das hängt auch damit zusammen, dass der Fokus der Definition abhängig von der jeweiligen theoretischen Strömung ist – dies wird im folgenden Kapitel zur Klassifikation der Führungsforschung deutlich. Yukl (2006) zeigt auf, dass Führung auch nach Jahrzehnten der Forschungsaktivität immer noch ein unscharf definiertes Konstrukt darstellt. Nach einer aktuellen Definition von Stentz et al. (2012) ist Führung ein komplexer und sozial konstruierter Prozess der Einflussnahme. Diese Einflussnahme wird auch von Yukl (2006) als bedeutend betont. So wird Führung von Yukl (2006) folgendermaßen definiert: "Leadership is the process of influencing others to understand and agree about what needs to be done and how to do it, and the process of facilitating individual and collective efforts to accomplish shared objectives" (S. 8). Nach Brodbeck (2008) ist der gemeinsame Nenner unterschiedlicher Definitionen von Führung immer der Aspekt der Einflussnahme auf andere Personen, der im Rahmen des Studienprogramms Global Leadership and Organizational Effectiven-

S. Werther, *Geteilte Führung*, essentials,
DOI 10.1007/978-3-658-05344-4_2, © Springer Fachmedien Wiesbaden 2014

ess folgendermaßen von Führungsforschern und Sozialwissenschaftlern definiert wurde: "[. . .] leadership} in organizations [. . .] means having and beeing seen to have the ability to influence and enable others to contribute towards the success of their work unit or organization" (Brodbeck 2008, S. 281–282).

Diese Definition ist außerdem für alle Ebenen der Konzeptionalisierung von Führung relevant, wie sie von Yukl (2006) mit Individuum, Dyade, Gruppe und Organisation aufgezeigt werden. Mit dieser Definition als Ausgangspunkt wird deshalb im Folgenden nach einer Darstellung der Klassifikation der Führungsforschung die historische Entwicklung des Konstrukts der geteilten Führung dargestellt.

2.2   Klassifikation der Führungsforschung

In diesem Abschnitt erfolgt eine systematische Darstellung der bisherigen Führungsforschung, um darauf aufbauend geteilte Führung im weiteren Verlauf einordnen zu können. Es existieren allerdings unterschiedliche Klassifikationen der Führungsforschung, beispielsweise Ansätze mit Fokus auf die Führungskraft, Ansätze mit Fokus auf Kontingenzen und Ansätze mit Fokus auf Prozessen (Brodbeck 2008). Yukl (2006) unterscheidet folgende Schlüsselvariablen von Führungstheorien: Merkmale der Führungskräfte, Merkmale der Geführten und Merkmale der Situation. Ein ähnliches Klassifikationssystem der Führungsforschung beinhalten nach Hernandez, Eberly et al. (2011) die folgenden vier theoretischen Strömungen:

- Eigenschaftstheorien
- Verhaltenstheorien
- Kontingenztheorien
- Soziale Austauschtheorien

Die wissenschaftliche Auseinandersetzung mit Führung hat Ende des 19. und Anfang des 20. Jahrhunderts mit der Fokussierung auf eine einzelne Führungskraft im Rahmen der Eigenschaftstheorien der Führung begonnen. Der Fokus dieser theoretischen Strömung liegt dabei auf der Untersuchung von Persönlichkeitseigenschaften der Führungskräfte. Die metaanalytische Überprüfung der Beziehung zwischen den BIG 5 (d. h. Neurotizismus, Extraversion, Gewissenhaftigkeit, Verträglichkeit und Offenheit für neue Erfahrung) und transformationaler und transaktionaler Führung von Bono und Judge (2004) zeigt dabei, dass lediglich schwache Zusammenhänge vorliegen. Somit liegt nahe, dass breite Persönlichkeitseigenschaften wie die BIG 5 nicht ausreichend Varianz bei der Erklärung von erfolgreicher Führung aufklären können. In der Metaanalyse von Judge et al. (2002)

liegt der stärkste Zusammenhang der BIG 5 mit Führungseffektivität bei Extraversion vor. Darüber hinaus liefern losgelöst von den BIG 5 die Persönlichkeitsfaktoren Geselligkeit, Dominanz und Leistungsbedürfnis die höchsten positiven Zusammenhänge.

Die chronologisch darauffolgende theoretische Strömung in der Führungsforschung stellen die Verhaltenstheorien dar. Der Fokus dieser theoretischen Strömung liegt also nicht mehr auf der Persönlichkeit der Führungskräfte, sondern auf deren Verhaltensweisen, die allerdings in den meisten Fällen über subjektive Einschätzungen erhoben werden. Die Ohio Studien (Stogdill 1950) und die Michigan Studien (Katz et al. 1950) können in den Anfängen der verhaltenstheoretischen Erforschung von Führung als wichtigste Einflüsse gelten, da sie spezifische Dimensionen des Verhaltens identifiziert haben, die für Führungseffektivität relevant sind (Yukl 2006). Judge et al. (2004) untersuchen in ihrer Metaanalyse die Zusammenhänge der beiden Verhaltensdimensionen der Ohio Studien. Mitarbeiterorientierung zeigte dabei stärkere Zusammenhänge mit der Zufriedenheit der Mitarbeiter, wohingegen Aufgabenorientierung stärkere Zusammenhänge mit der Leistung der Führungskraft, des Teams und der Organisation zeigte. Bei den Ohio Studien steht allerdings eine hierarchische Führungskraft im Zentrum, die als Dreh- und Angelpunkt des Teams jeglichen Führungseinfluss ausübt (Stogdill 1950). Im Gegensatz zu den Ergebnissen der Ohio Studien fokussieren die Michigan Studien nicht ausschließlich auf eine hierarchische Führungskraft. Vielmehr vertreten ihre Protagonisten die Ansicht, dass vier Dimensionen allgemeinen Führungsverhaltens von einer Person innerhalb des Teams ausgeübt werden müssen, jedoch nicht zwingend von der Führungskraft selbst (Bowers und Seashore 1966).

Bereits Fleishman (1953) erkannte, dass situationale Wechselwirkungen bei Führungsverhalten eine Rolle spielen. Der Ursprung der Kontingenztheorien der Führung liegt bei Fiedler (1964), der die Führungseffektivität mit der Interaktion zwischen Führungsstil und Merkmalen der Situation in Verbindung brachte. Dabei liegt die Annahme zugrunde, dass eine Führungskraft dann erfolgreich ist, wenn sie durch die Situation die Macht erhält, die effektives Führungsverhalten erst möglich macht (Hernandez et al. 2011). Die Weg-Ziel-Theorie von House (1971), die auf der Erwartungstheorie von Vroom (1964) aufbaut, rückt den Aspekt der Ziele mit in den Fokus. Folglich ist eine Führungskraft dann erfolgreich, wenn sie einen klaren Weg für den Mitarbeiter aufzeigt, der zu einem für den Mitarbeiter erstrebenswerten Ziel führt. Insgesamt liefern metaanalytische Befunde zur Kontingenztheorie der Führung nach Fiedler (1964) eine eingeschränkte Bestätigung der Theorie (Peters et al. 1985).

Eine weitere Strömung der Führungsforschung sind soziale Austauschtheorien, die davon ausgehen, dass kein „durchschnittliches" Führungsverhalten existiert, das bei allen Geführten in gleicher Weise Führungseffektivität gewährleistet (Hernandez et al. 2011). Dabei werden nach anfänglicher Betrachtung von informellen

Führungskräften schließlich Einflüsse von formeller Führung in Wechselwirkung mit der Beziehung zu den Geführten untersucht, z. B. erfolgen Differenzierungen nach Führungseinflüssen mit und ohne Autorität (Dansereau et al. 1975). Die metaanalytischen Befunde zeigen zwar die Bedeutsamkeit von Leader-Member-Exchange auf, doch weichen die Beurteilungen von Führungskräften und Geführten stark voneinander ab, was in empirischen Studien berücksichtigt werden muss (Gerstner und Day 1997).

Einen großen Forschungsstrang bildet seit 20 Jahren auch die Beschäftigung mit transformationaler und transaktionaler Führung (Bass und Avolio 1994). Transformationale Führung greift nach Yukl (2006) Ansätze der Mitarbeiterorientierung auf, wie sie zu Beginn der Erforschung der Verhaltenstheorien identifiziert wurden. Das bedeutet konkret, dass die Führungskraft die Mitarbeiter motiviert und sich als deren Mentor und Coach versteht. Im Gegensatz dazu steht bei transaktionaler Führung die Aufgabenorientierung im Vordergrund, d. h. die Führungskraft kontrolliert die Mitarbeiter und belohnt und bestraft sie abhängig von ihrem Verhalten. Dabei finden sich metaanalytisch sowohl bei transformationaler als auch bei transaktionaler Führung positive Zusammenhänge mit Maßen der Zufriedenheit und der Effektivität (Judge und Piccolo 2004).

Der gegenwärtige Fokus der Führungsforschung bezieht sich im Gegensatz zu den anfänglichen theoretischen Strömungen nicht mehr nur auf Eigenschaften oder Verhaltensweisen der Führungskräfte, sondern darüber hinaus auf die zugehörigen Mitarbeiter, die nächsthöhere Führungskraft, den Arbeitskontext und kulturelle Rahmenbedingungen (Avolio et al. 2009). Das Konzept der geteilten Führung stellt hier eine neue Perspektive dar, nachdem nach Hernandez et al. (2011) in den letzten Jahrzehnten fokussiert Führungsdyaden untersucht wurden. Dabei nimmt die Bedeutung von geteilter Führung als strukturelle Analyseebene nach Bolden (2011) auch deshalb zu, weil traditionelle hierarchische Organisationsstrukturen an Bedeutung verlieren und somit neue Organisationsstrukturen notwendig werden.

Nach der allgemeinen Definition von Führung sowie der Klassifikation der Führungsforschung wird nun im folgenden Abschnitt geteilte Führung definiert. Anschließend werden die historische Entwicklung der Forschung zu geteilter Führung sowie der aktuelle Forschungsstand dargestellt.

3.1 Definition von geteilter Führung

Bei geteilter Führung zeigt sich das Spannungsfeld zwischen Führung als Rolle, die von einem Individuum ausgeübt wird, und Führung als sozialer Prozess, der von allen Beteiligten gemeinsam konstruiert wird (Pearce et al. 2008). Thorpe et al. (2011) zeigen auf, dass es sich bei geteilter Führung um ein verhältnismäßig unerforschtes Konstrukt handelt, das auch bzgl. der Definition zahlreiche Unterschiede aufweist, ähnlich wie Stogdill (1974) das allgemein für Definitionen von Führung feststellt. Darüber hinaus existieren neben geteilter Führung auch verwandte Konstrukte, z. B. Teamführung und kollektive Führung, die eine Abgrenzung erforderlich machen (Yammarino et al. 2012). Dabei werden in der englischsprachigen Forschung die Begriffe „shared leadership", „collective leadership", „distributed leadership" und „team leadership" oftmals synonym verwendet. Vor allem „shared leadership" und „distributed leadership" werden in der bisherigen Forschung nicht trennscharf verwendet, so dass sie oftmals innerhalb eines Artikels als Synonym aufgegriffen werden (Day et al. 2004). In den folgenden Absätzen wird deshalb geteilte Führung definiert, um sie in einem späteren Abschnitt von ähnlichen Konstrukten abzugrenzen.

S. Werther, *Geteilte Führung,* essentials,
DOI 10.1007/978-3-658-05344-4_3, © Springer Fachmedien Wiesbaden 2014

Nach Bolden (2011) beinhalten alle Definitionen zu geteilter Führung und den oben genannten ähnlichen Ansätzen die folgenden Aspekte:

- Führung geht mit Emergenz einher, die in einem Team oder in einem Netzwerk von Individuen auftaucht.
- Den Grenzbereichen von Führung wird mit Offenheit begegnet.
- Unterschiedliche Expertisen sind unter mehreren Personen aufgeteilt, ohne Beschränkung auf eine Person.

Diese drei Aspekte sollen als Ausgangspunkt für die genaue Definition geteilter Führung dienen, nachdem sie bereits einen gewissen Rahmen abstecken. Dabei zeichnet sich geteilte Führung nach Yammarino et al. (2012) durch eine gemeinsame und geteilte Verantwortung aus. Das deckt sich bereits mit der frühen Definition von Gibb (1954), der Führung als fokussiert vs. verteilt definiert hat, wobei bei verteilter Führung mehrere Personen Führungseinfluss ausüben und damit Verantwortung tragen. Diese Verantwortung für die Führung des Teams ist dabei sehr breit definiert, d. h. sie schließt sowohl formelle als auch informelle Führung ein. Morgeson et al. (2010) stellen dies enger dar, da sie lediglich informelle Führung als geteilte Führung bezeichnen, doch handelt es sich dabei nicht um einen Konsens. Die meisten Forscher verstehen unter geteilter Führung sowohl informelle als auch formelle Führungseinflüsse (Avolio et al. 2009; Bolden 2011; Pearce und Conger 2003; Yammarino et al. 2012).

Pearce und Conger (2003) gelten nach Avolio et al. (2009) als Pioniere dieser Thematik – sie definieren geteilte Führung wie es in Tab. 3.1 dargestellt ist. Es geht bei geteilter Führung also um ein gemeinsames Ziel, das in einem Prozess gegenseitiger sozialer Beeinflussung erreicht werden soll. Dabei kann die gegenseitige soziale Beeinflussung nach Yammarino et al. (2012) sowohl von offiziellen Führungskräften als auch auf informeller Basis von Teammitgliedern erfolgen. Bereits Finley (1994) stellt fest, dass die Führungsrolle basierend auf der in der jeweiligen Situation erforderlichen Expertise rotiert. Es kann also ergänzt werden, dass die Führungsrolle bei geteilter Führung sowohl zur gleichen Zeit gemeinsam, aber genauso vollständig rotierend zu unterschiedlichen Zeitpunkten ausgeübt werden kann. Aus Tab. 3.1 lässt sich entnehmen, dass allen Definitionen ein dynamischer sozialer Einflussprozess als Kern der Definition geteilter Führung zugrunde liegt. Darüber hinaus wird der Führungseinfluss bzw. werden die Führungsfunktionen (formell oder informell) auf mehrere Teammitglieder verteilt. Es lässt sich somit die folgende Definition geteilter Führung ableiten:

Geteilte Führung ist ein dynamischer sozialer Einflussprozess innerhalb eines Teams oder einer Organisation, bei dem mehrere formelle oder informelle Führungspersonen gemeinsam (d. h. zur gleichen Zeit) oder rotierend (d. h. zu verschiedenen Zeiten) auf ein kollektives Ziel hinwirken.

Tab. 3.1 Definitionen von geteilter Führung, erweiterte Übersicht in Anlehnung an Carson et al. (2007)

Autor(en)	Definition geteilter Führung
Pearce und Conger (2003)	A dynamic, interactive influence process among individuals in groups for which the objective is to lead one another to the achievement of group or organizational goals or both. (S. 1)
Ensley et al. (2006)	Team process where leadership is carried out by the team as a whole, rather than solely by a single designated individual. (S. 220)
Kramer (2006)	Shared leadership is a bottom-up process in which team values and structure emerge through the interaction of leaders and members as the leaders empower team members rather than control them. Collaboration occurs between designated leaders and group members as well as among group members. (S. 145)
Mehra et al. (2006)	Shared, distributed phenomenon in which there can be several (formally appointed and/or emergent) leaders. (S. 233)
Carson et al. (2007)	The source of leadership influence is distributed among team members rather than concentrated or focused on a single individual. Teams with high levels of shared leadership may also shift and/or rotate leadership over time. (S. 1220)
Morgeson et al. (2010)	Shared leadership is characterized by an internal locus of leadership and an informal formality of leadership. (S. 5)
Small und Rentsch (2010)	Because more than one person engaging in leadership functions defines shared leadership, an appropriate operational definition must assess leadership distribution. (S. 203)
Fausing et al. (2012)	Shared leadership is a social, emergent, and reciprocal influence process in teams characterized by distribution of leadership functions among team members. (S. 2)
Hoch und Kozlowski (2012)	Shared team leadership describes a mutual influence process, characterized by collaborative decision-making and shared responsibility, whereby team members lead each other toward the achievement of goals. (S. 4)
Ramthun und Matkin (2012)	Shared leadership, as a social process, enables subordinates to both exhibit leadership behaviors (directive, aversive, transactional, transformational, and empowering) and act in the role of follower to support other leaders' leadership contributions. (S. 307)
Yammarino et al. (2012)	Shared leadership is an approach that views leadership as a shared responsibility among team members, where a team is viewed quite broadly, both formally and informally. (S. 389–390)

Folglich kann geteilte Führung als Kontinuum verstanden werden zwischen vertikaler Führung und dem Führungseinfluss von zwei oder allen Mitgliedern des Teams oder der Organisation (Avolio et al. 2009; Gronn 2002). Damit ist geteilte Führung eher als eine systemische und damit strukturelle Perspektive auf Führung zu verstehen, die weniger eine spezifische Theorie darstellt, wie Bolden (2011) aufzeigt. Die dargestellte Definition geteilter Führung deckt sich in wesentlichen Punkten mit den Definitionen zentraler akademischer Protagonisten, so dass sie als Ausgangslage für diesen Review dient (Carson et al. 2007; Ensley et al. 2006; Hoch und Kozlowski 2012; Mehra et al. 2006; Small und Rentsch 2010).

3.2 Theoretische Grundlagen und historische Entwicklung

Im folgenden Abschnitt werden theoretische Grundlagen dargestellt, die für die Erklärung geteilter Führung eine Rolle spielen. Damit wird gleichzeitig die historische Entwicklung geteilter Führung aufgezeigt, die im nächsten Abschnitt im aktuellen Forschungsstand mündet. Die aufgeführten Grundlagen bauen dabei auf den Reviews von Pearce und Conger (2003), Yukl (2006), Bolden (2011) und Hernandez et al. (2011) auf. Dabei sind besonders zentrale theoretische Grundlagen der Führungsforschung, die auch für geteilte Führung relevant sind, in Tab. 3.2 aufgeführt. Die genannten Theorien stellen zweifellos eine sehr wichtige Basis für die Entstehung und Erklärung geteilter Führung dar, obwohl in ihnen geteilte Führung noch nicht explizit als eigenständiges Konstrukt thematisiert wird. Das erfolgt erstmals bei Hallinger und Richardson (1988) und Beck et al. (1989) mit empirischen Studien, so dass geteilte Führung ab diesem Zeitpunkt explizit in die Forschungslandschaft eingeführt wurde.

Bereits in der ersten Hälfte des 20. Jahrhunderts sprechen Lewin et al. (1939) von einem demokratischen Führungsverhalten. Dabei liegt die Annahme zugrunde, dass es nach dem verhaltenstheoretischen Ansatz der Führung effektives und ineffektives Führungsverhalten gibt. Das demokratische Führungsverhalten von Erwachsenen in Kindergruppen zeigt sich dabei als effektivstes Führungsverhalten.

Die Human Relations Bewegung spielt ebenfalls eine große Rolle (Turner 1933). Im Rahmen dieser Bewegung wurden die Bedürfnisse der Mitarbeiter in den Mittelpunkt gestellt, was ein Umdenken in der Führungsforschung und -praxis mit sich brachte. Für geteilte Führung bedeutet das, dass sie nicht nur verordnet werden kann, sondern auch von den Mitarbeitern akzeptiert und an ihre Bedürfnisse angepasst werden muss. Bei geteilter Führung muss sogar noch einen Schritt weitergegangen werden, da sie auch von den Führungskräften akzeptiert werden muss, nachdem sie mit weniger direktem Einfluss durch die Verteilung auf mehrere Personen verbunden ist (Bolden 2011).

Tab. 3.2 Theoretische Grundlagen geteilter Führung

Theorie	Auswahl an Autoren	Bezug zu geteilter Führung
Demokratische Führung	Lewin et al. (1939)	Demokratische Führung stellt erstmals einen demokratischen Grundgedanken bzgl. Führung auf, was bei geteilter Führung in Form mehrerer Führungskräfte aufgegriffen wird
Co-Führung	Bales (1954), Solomon,Loeffler und Frank (1953)	Co-Führung stellt bereits eine Form von geteilter Führung in Konferenzen oder in Therapiesitzungen dar
Partizipation	Lawrence und Smith (1955), Cawley et al. (1998), Budd, Gollan und Wilkinson (2010)	Partizipation aus Prozess- und Delegationsperspektive stellt eine wichtige theoretische Grundlage geteilter Führung dar
Emergente Führung	Hollander (1961), Sorrentino (1973), Plowman et al. (2007)	Emergente Führung spielt bei dem Auftreten von informellen Führungskräften im Kontext geteilter Führung eine Rolle.
Substitute in der Führung	Kerr und Jermier (1978)	Bestimmte Rahmenbedingungen können klassische Führung überflüssig machen, was bei geteilter Führung beispielsweise bei interdependenten Aufgaben eine Grundvoraussetzung für das Auftreten bzw. die Akzeptanz geteilter Führung darstellen kann.
Selbstführung	Manz und Sims (1980), Stewart et al. (2010)	Selbstführung kann als spezifische Form geteilter Führung verstanden werden, sofern informelle Führung im Team zum Tragen kommt.
Empowerment	Conger und Kanungo (1988), Spreitzer (1995), Maynard et al (2012)	Empowerment ist abhängig von der Teamkonstellation und der Existenz formeller Führungskräfte bei geteilter Führung relevant
Führung in Familien	Mathis und Tanner (1991), Weinblatt und Omer (2008)	Geteilte Führung durch die Eltern und enge Kooperation zwischen den Eltern führt in Familien zu gesünderen Familien mit besserem Zusammenhalt
Selbstorganisierte Teams	Barry (1991), Carte et al. (2006)	Selbstorganisierte Teams stellen unter Rückgriff auf Theorien der emergenten Führung und der Selbstführung eine Basis für informelle geteilte Führung dar

Weitere Ergebnisse, die geteilte Führung nahelegen, finden sich in den Michigan Studien, in deren Rahmen nach Likert (1961) zwischen aufgabenorientierten, beziehungsorientierten und partizipativen Verhaltensweisen der Führungskraft unterschieden wird. Bowers und Seashore (1966) postulieren aufbauend auf den Michigan Studien eine Unabhängigkeit der Führung von der Position innerhalb der Organisation. Letztlich bildet das die Grundlage für geteilte Führung, da Führungseinflüsse somit von jedem Teammitglied ausgeübt werden können und nicht zwingend von einer hierarchischen Führungskraft erfolgen müssen. Weiterhin vertreten die Forscher aber den Standpunkt der Verhaltenstheorien der Führung, dass spezifische Führungsdimensionen die Effektivität beeinflussen.

Dabei werden bei den partizipativen Verhaltensweisen auch losgelöst von den Schlussfolgerungen von Bowers und Seashore (1966) Ähnlichkeiten zu geteilter Führung deutlich. Allerdings liegt die Verantwortung für das Verhalten des Teams weiterhin allein bei der formalen Führungskraft (Yukl 2006). Nach Morgeson et al. (2010) handelt es sich hierbei ebenfalls um eine Form von Teamführung, die allerdings noch nicht zu geteilter Führung im engeren Sinn gehört. Geteilte Führung kann sich danach zusätzlich durch einen informellen Charakter auszeichnen, der bei einer formalen Führungskraft oder einem formalen Projektleiter nicht gegeben ist. Die Originalaussagen der Michigan Studien gehen bereits in diese Richtung, doch fokussiert die Forschung in den folgenden Jahren vorerst weiter auf hierarchische Führungskräfte. So zeigen auch die Definitionen geteilter Führung in Tab. 3.1, dass es sich bei geteilter Führung um mehr als Partizipation handelt.

Partizipation kann sich losgelöst von Führung in unterschiedlichen Situationen zeigen bzw. kann in unterschiedlichen Situationen gefördert werden. Der Fokus kann dabei nach Budd et al. (2010) auf Partizipation als Gruppenprozess vs. Partizipation als Delegationsprozess liegen, worauf bereits im vorherigen Absatz zu partizipativer Führung eingegangen wurde. Dabei beziehen sich frühe Studien auf Gruppendiskussionen und Entscheidungen in Gruppen (Lawrence und Smith 1955). Die Metaanalyse von Cawley et al. (1998) zeigt dabei, dass die Bedeutung von Partizipation der Mitarbeiter bei Leistungsbeurteilungen einen bedeutenden Einfluss auf deren Zufriedenheit mit dem Leistungsbeurteilungssystem hat. Für geteilte Führung spielt Partizipation eine Rolle, weil geteilte Führung letztlich eine erweiterte Form von Partizipation auf Führungsebene darstellt, bei der mehrere Personen und in der maximalen Ausprägung sogar alle Teammitglieder am Führungseinfluss partizipieren.

Weniger bekannt sind die Ergebnisse von Bales (1954), die im Rahmen von Laborstudien an der Harvard Universität entstanden sind. Dabei ist ein zentrales Ergebnis, dass Co-Führung in Teams sinnvoll ist, d. h. das Level der Betrachtung geht vom Individuum zum gesamten Team, das analog zu diesen Ergebnissen potenziell Führungseinfluss ausüben kann.

Von Solomon et al. (1953) wurden im therapeutischen Kontext die Einflüsse von Co-Therapeuten auf den therapeutischen Prozess untersucht. Dabei ist allerdings noch nicht explizit von geteilter Führung die Rede, nachdem die Forschungsergebnisse auf den psychotherapeutischen Kontext angewendet werden und auch in folgender Forschung weiter auf das therapeutische Setting begrenzt bleiben (Winter 1976). Eine Anwendung auf klassische Führungskonstellationen außerhalb des therapeutischen Settings erfolgte erst später. Heenan und Bennis (1999) stellten die Bedeutung des Stellvertreters in Vorstandsteams heraus, was sich wiederum mit den früheren Studien von Bales (1954) verknüpfen lässt.

Die Bedeutung von Führungseinfluss, der zwischen Teammitgliedern geteilt wird, wurde bereits in den 1960er Jahren von Gibb (1954) sowie später von Katz und Kahn (1978) diskutiert. Dabei wurden allerdings keine eigenständigen Konstrukte definiert und empirisch untermauert, sondern die Diskussion ist auf einer theoretischen Ebene stehengeblieben. Nach Gibb (1954) müssen dabei alle Führungsfunktionen von Teammitgliedern ausgeübt werden, so dass Führung damit nicht auf eine hierarchische Führungskraft beschränkt ist.

Das Konzept der emergenten Führung von Hollander (1961) stellt eine wichtige theoretische Basis für geteilte Führung dar, da diese nicht nur auf formalen Strukturen aufbauen kann, sondern auch informell im Rahmen von Gruppenprozessen entstehen kann. Emergente Führung besagt, dass Führungsrollen auch aus Prozessen innerhalb der Gruppe resultieren können, ohne dass diese mit einer formellen Führungsfunktion verbunden sind. Emergente Führung wird auch im Kontext geteilter Führung untersucht, wie Carte et al. (2006) mit einer Stichprobe virtueller Teams aufzeigen. Für geteilte Führung stellt emergente Führung eine wichtige Grundlage dar, doch kann geteilte Führung analog zu den Definitionen in Tab. 3.1 auch bei mehreren formellen Führungskräften auftreten. Somit ist emergente Führung zwar für die Erklärung informeller geteilter Führungsstrukturen notwendig, aber nicht für formelle geteilte Führungsstrukturen.

Von Hallinger und Richardson (1988) wird geteilte Führung im Bildungskontext thematisiert. Dabei geht es insbesondere um den Einfluss von Schulleitern und Lehrern sowie das Empowerment von Lehrern, um die Lernumgebung für alle Beteiligten zu verbessern. Es folgen empirische Ergebnisse von Beck et al. (1989), die sich mit verbaler Partizipation in Gruppen beschäftigen und dabei bereits auf geteilte Führungsfunktionen eingehen.

Einen für geteilte Führung wichtigen Paradigmenwechsel leiteten Kerr und Jermier (1978) ein, die den Fokus der Führungsforschung im Rahmen der Kontingenztheorien auf situationale Charakteristika lenken. Unter Substituten der Führung werden von diesen Forschern bestimmte Aspekte verstanden, die (fehlende) Führung ersetzen können und somit klassische Führung in diesem Kontext überflüssig machen. Die soziale Austauschtheorie nach Homans (1958) bildet somit eine weitere Basis für die wissenschaftliche Beschäftigung mit geteilter Führung, da es sich dabei immer um soziale Einfluss- und damit auch um soziale Austauschprozesse handelt. Für geteilte Führung sind Kontingenztheorien und soziale Austauschtheorien aus diesen Gründen besonders relevant für die Einordnung in bestehende Führungstheorien.

Im Rahmen der Forschung zu Substituten der Führung, die von Kerr und Jermier (1978) angestoßen wurde, verschiebt sich der Fokus der Führungsforschung unter anderem auch auf Selbstführung. Dabei wird bzgl. Selbstführung untersucht, welche Personen sich unter welchen Bedingungen selbst führen (Manz und Sims 1980; Stewart et al. 2010). Dabei zeigte sich nach Stewart et al. (2010) beispielsweise, dass Selbstführung auf Teamebene bei kreativen Aufgaben zu besseren Ergebnissen führt. Diese Befunde können einen Anhaltspunkt für Forschung zu geteilter Führung liefern, da diese nach Pearce (2004) nur in bestimmten Kontexten zu höherer Leistung führt. Für Houghton et al. (2003) stellt Selbstführung das Herz geteilter Führung dar. Sicherlich ist die Konzeptionalisierung von Selbstführung auf Teamebene eine wichtige Basis für geteilte Führung, wie sie bei Teams mit informellen Führungsstrukturen vorherrschend ist, so dass sich hier auch Parallelen zu emergenter Führung herstellen lassen.

Empowerment wurde insbesondere von Conger und Kanungo (1988) und Spreitzer (1995) etabliert. Dabei wird es als motivationales Konstrukt verstanden, das eine aktive Rolle in der Arbeitsgestaltung darstellt, so dass der Mitarbeiter selbst Mitverantwortung für die Gestaltung seiner Tätigkeit übernimmt. Dabei zeigt die empirische Evidenz, dass Empowerment ein wichtiger Einflussfaktor in Bezug auf Teamprozesse und Teameffektivität darstellt (Maynard et al. 2012). Für geteilte Führung spielt Empowerment in Kombination mit emergenter Führung eine Rolle, da Mitglieder des Teams aus eigenem Antrieb heraus aktiv die Teamarbeit gestalten und somit eine Führungsrolle ausüben können. Das kann analog zu emergenter Führung bei geteilter Führung relevant sein, muss aber nicht in jedem Führungskontext eine Rolle spielen. Insbesondere bei der Perspektive auf geteilte Führung auf informeller Ebene von Morgeson et al. (2010) stellt Empowerment eine zwingend erforderliche theoretische Grundlage dar.

Eine Perspektive aus der Familienpsychologie liefern Mathis und Tanner (1991). Sie kommen zu dem Fazit, dass Familien mit geteilter Führung, mit geteilten Rollen und mit demokratischeren Entscheidungen insgesamt gesünder sind und einen positiveren Zusammenhalt innerhalb der Familie zeigen. Insofern bietet sich hier eine Perspektive aus einer anderen psychologischen Disziplin, die auch in aktueller Forschung zu gewaltlosem Widerstand in Familien aufgegriffen wird (Weinblatt und Omer 2008). Dabei wird die Bedeutung der Kooperation zwischen den Eltern als

„Führungskräfte" der Familie betont, insbesondere in Familien mit verhaltensauf-fälligen Kindern. Das Konzept der neuen Autorität findet dabei auch auf Führung in Organisationen Anwendung, wobei der Fokus hier auf einer neuen Autorität losgelöst von traditionellen hierarchischen Einflüssen liegt (Quistorp 2011). Somit liefert eine Übertragung dieser Ergebnisse aus der Familienpsychologie Anhalts-punkte für die Bedeutung der Kooperation und des Zusammenhalts zwischen den Führungspersonen im Kontext geteilter Führung.

Chronologisch folgt eine empirische Beschäftigung mit selbstorganisierten Teams ohne hierarchische Führung, bei der geteilte Führung als Rahmenmodell dient (Barry 1991). Das methodische Vorgehen basiert dabei auf qualitativen In-terviews des Autors während seiner Tätigkeit als Trainer und Berater. Das Fazit der Studie ist, dass die Einführung geteilter Führung in selbstorganisierten Teams sehr zeitintensiv und schwierig sein kann. Ein theoretischer Rahmen ist dabei auch Selbstführung, die als etabliertes Konstrukt auf Individuumsebene somit auch auf die Teamebene übertragen werden kann (Stewart et al. 2010). Geteilte Führung ist nach dieser Perspektive ein Paradox, da das Team auf der einen Seite von unterschiedlichen Führungsstilen profitieren kann, aber diese unterschiedlichen Führungsstile gleichzeitig Potenzial für ernsthafte Konflikte mit sich bringen.

Finley (1994) zeigt auf, dass der kollaborative Prozess für Führung einen kol-lektiven Prozess erfordert, der wiederum auf einen Paradigmenwechsel hindeutet. Die Summe der Anstrengungen ist dementsprechend bei kollaborativen Prozessen mehr als die Summe der Einzelteile. Somit werden horizontale Organisationsstruk-turen im Gegensatz zu vertikalen Hierarchien an Bedeutung gewinnen und die mentalen Modelle der Wissensarbeiter besser abbilden. Das ist für geteilte Füh-rung insofern eine wichtige Perspektive, weil als Kontext explizit Wissensarbeiter genannt werden, so dass geteilte Führung nicht generell über alle Anwendungskon-texte hinweg zu einem guten oder sogar zu einem besseren Ergebnis im Vergleich zu vertikaler Führung führen muss.

Avolio et al. (1996) führen geteilte Führung explizit als Variante der Teamfüh-rung ein, was mit den Ergebnissen von zwei Längsschnittstudien mit studentischen Stichproben empirisch untermauert wird. Geteilte Führung wird dabei aufbauend auf den transaktionalen und transformationalen Führungsstilen definiert, d. h. die-se beiden Führungsstile werden auf der Gruppenebene angewendet. Letztlich wird geteilte Führung aber nicht auf theoretischer Ebene definiert, sondern lediglich anhand der verwendeten Operationalisierung eingeführt (Carson et al. 2007).

In dem wichtigen konzeptionellen Artikel von Perry et al. (1999) werden Ver-triebsteams als Kontext für geteilte Führung aufgeführt, bei denen ein direkter und indirekter Zusammenhang von geteilter Führung auf die Verkaufseffektivität des

Teams angenommen wird. Ebenso erfolgt eine Auseinandersetzung mit geteilter Führung im Kontext von Startup-Firmen (Ensley et al. 2003). Hier wird geteilte Führung als besonders bedeutend für Visionen sowie für die Gruppenkohäsion dargestellt, nachdem bei Startup-Firmen diese Aspekte sehr wichtig sind.

Waldersee und Eagleson (2002) argumentieren losgelöst von einem spezifischen Branchenschwerpunkt, dass bei organisationalen Umorientierungen die geteilte Führung folgendermaßen organisiert sein sollte: Eine formale Führungskraft beschäftigt sich mit der aufgabenorientierten Perspektive von Führung, eine andere formale Führungskraft beschäftigt sich mit der beziehungsorientierten Perspektive von Führung. Folglich zeigt sich hier, dass geteilte Führung nicht als lediglich informelle Struktur verstanden wird, sondern durchaus bei zwei oder mehreren Führungskräften wirksam ist. Die Argumentation geht dabei in die Richtung von Barry (1991), d. h. durch Vielfalt der Führung wird ein besseres Ergebnis erzielt als durch eine einzelne Führungskraft.

Zusammenfassend kann geteilte Führung aufbauend auf der Klassifikation der Führungsforschung und der hier dargestellten historischen Entwicklung besonders den Kontingenztheorien sowie den sozialen Austauschtheorien zugeordnet werden. Die Merkmale (Eigenschaftstheorien) und Verhaltensweisen (Verhaltenstheorien) der Führungskräfte beeinflussen letztlich zwar ebenfalls den Führungserfolg, auch wenn sie nicht im engeren Sinn mit geteilter Führung in Verbindung stehen, doch bilden sie nicht die theoretische Grundlage für geteilte Führung. Als Einflussfaktoren, die den Zusammenhang zwischen geteilter Führung und Effektivität vermitteln, dürfen sie aber dennoch nicht vollständig vernachlässigt werden. So spielt es bei informeller geteilter Führung natürlich eine Rolle, welche Eigenschaften ein Teammitglied aufweist, so dass es überhaupt von den anderen Teammitgliedern als informelle Führungskraft wahrgenommen wird (Hernandez et al. 2011). Insofern müssen Eigenschaftstheorien der Führung bei der Exploration geteilter Führung berücksichtigt werden, ohne dass sie für die Abgrenzung von anderen Führungsaspekten notwendig sind. Genauso spielt das Verhalten der Führungskräfte, ob formell oder informell, natürlich auch bei geteilter Führung eine Rolle, wie es auch in den Studien von Pearce und Sims (2002) untersucht wird und von Hernandez et al. (2011) beschrieben wird. Der Zusammenhang der Verhaltenstheorien sowie von transformationaler und transaktionaler Führung mit geteilter Führung ist alleine deshalb wichtig, weil die ersten Operationalisierungen von Avolio et al. (1996) und Pearce und Sims (2002) verhaltensbasiert erfolgten, worauf im Rahmen des nächsten Abschnitts genauer eingegangen wird.

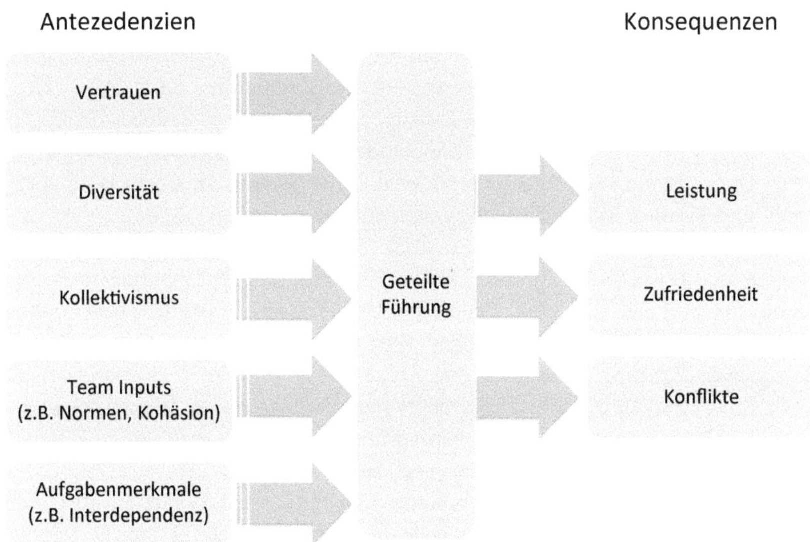

Abb. 3.1 Überblick über Antezedenzien und Konsequenzen geteilter Führung

3.3 Aktueller Forschungsstand

Nach der Darstellung der theoretischen Grundlagen und der daran gekoppelten historischen Entwicklung wird in diesem Abschnitt der aktuelle Forschungsstand geteilter Führung zusammengefasst.

In Abb. 3.1 wird ein Überblick über Antezedenzien und Konsequenzen der aktuellen Forschung zu geteilter Führung dargestellt. Dabei muss berücksichtigt werden, dass beispielsweise Konflikte und Leistung auch zu Antezedenzien werden können, wodurch sie dann wiederum geteilte Führung beeinflussen. Genauso kann Vertrauen eine Konsequenz darstellen, wenn eine positive Wahrnehmung der Teammitglieder bzgl. der geteilten Führungsstrukturen in erhöhtes Vertrauen resultiert. Bisher wurden die Zusammenhänge von geteilter Führung mit Diversität (Gupta et al. 2010; Hoch et al. 2010; Muethel et al. 2012), Konflikten (Gupta et al. 2010; Solansky 2008), Teamkohäsion und -stärke (Balthazard et al. 2004; Boies et al. 2010; Gupta et al. 2010; Sivasubramaniam et al. 2002) und Vertrauen (Avolio et al. 1996; Boies et al. 2010; Small und Rentsch 2010) am häufigsten untersucht.

Diese empirischen Studien arbeiten dabei sowohl mit unterschiedlichen Stichproben als auch mit unterschiedlichen Operationalisierungen. Es zeigt sich, dass geteilte Führung insbesondere im Rahmen komplexer Tätigkeiten erfasst wurde: Flugzeugbesatzungen (Bienefeld und Grote 2010), IT-Projektteams (Muethel et al. 2012), Produktionsteams (Fausing et al. 2012; Pearce und Sims 2002), Entwicklerteams (Hoch und Kozlowski 2012), StartupFirmen (Ensley et al. 2006; Hmieleski et al. 2011), Studenten in Business Simulationen (Boies et al. 2010; Carson et al. 2007; Gressick und Derry 2010; Gupta et al. 2010; Sivasubramaniam et al. 2002; Small und Rentsch 2010; van Ginkel und van Knippenberg 2012) und Vertriebssteams (Mehra et al. 2006). Eine Ausnahme bildet hier am ehesten die Studie von Nielsen und Daniels (2012), die in Seniorenheimen umgesetzt wurde, sowie die Studie von Hiller et al. (2006), die im Winterdienst erfasst wurde. Dieser Fokus der Stichproben ist nicht überraschend, weil Pearce (2004) selbst festgestellt hat, dass geteilte Führung insbesondere in Kontexten komplexer Wissensarbeiter zu mehr Effektivität führt. Ein Grund dafür liegt darin, dass bei Wissensarbeitern besonders interdependente Tätigkeiten vorherrschend sind, die hohe Effektivität geteilter Führung begünstigen (Pearce et al. 2009).

Da auf die Operationalisierung geteilter Führung in einem späteren Abschnitt eingegangen wird, werden an dieser Stelle die zentralen Ergebnisse der Forschung zu geteilter Führung dargestellt. Dabei ist auffällig, dass die Antezedenzien geteilter Führung in erster Linie von Carson et al. (2007) und Small und Rentsch (2010) untersucht wurden.

Carson et al. (2007) berücksichtigen in ihrer Studie die Teamumgebung sowie externes Coaching als begünstigende Antezedenzien für geteilte Führung, wohingegen bei Small und Rentsch (2010) Vertrauen und Kollektivismus eine wichtige Rolle spielen. Die Mehrzahl der Studien fokussiert stattdessen auf Konsequenzen und vermittelnde Mechanismen geteilter Führung, wobei hier in erster Linie Effektivität aufgegriffen wird (Avolio et al. 1996; Boies et al. 2010; Ensley et al. 2006; Fausing et al. 2012; Hoch und Kozlowski 2012; Mehra et al. 2006).

Pearce und Sims (2002) führen eine Studie zum Zusammenhang vertikaler bzw. geteilter Führung auf die Teameffektivität unter Berücksichtigung unterschiedlicher Führungsstile durch. Dabei wird geteilte Führung noch eng verknüpft mit Führungsstilen betrachtet. Sivasubramaniam et al. (2002) untersuchen die Zusammenhänge von geteilter transformationaler und transaktionaler Führung innerhalb des Teams mit Teamstärke und Teameffektivität. Die beiden genannten Studien machen deutlich, dass es positive Zusammenhänge geteilter Führung, operationalisiert in Form von geteilten Führungsstilen, mit Effektivität gibt. Bei Pearce und Sims (2002) sind die Zusammenhänge zwischen geteilter Führung und Effektivität höher als der Einfluss vertikaler Führung auf Effektivität, was einen Indikator für die Bedeutsamkeit des Konstrukts geteilte Führung darstellt. Darüber hinaus existieren bereits Metaanalysen zum Zusammenhang zwischen geteilter Führung und Teameffektivität: Werther (2013) berichtet einen Zusammenhang von $\rho = 0{,}31$. Wang et al. (2013) berichten einen Zusammenhang von $\rho = 0{,}34$. Gleichzeitig wird in beiden Metaanalysen deutlich, dass eine differenziertere Unterscheidung verschiedener Formen geteilter Führung notwendig ist, beispielsweise netzwerkbasierte vs. verhaltensbasierte Messungen (Werther 2013).

Als etablierte Einflüsse auf Teamprozesse werden Teamkohäsion, d. h. der Zusammenhalt des Teams, und Teamstärke, d. h. die Überzeugung von der Richtigkeit des Handelns innerhalb des Teams, im Kontext geteilter Führung untersucht (Balthazard et al. 2004; Boies et al. 2010; Gupta et al. 2010; Sivasubramaniam et al. 2002). Dabei zeigt sich in der Längsschnittstudie von Sivasubramaniam et al. (2002) mit einer studentischen Stichprobe, dass transformationale geteilte Führung zu einer größeren Ausprägung der Teamstärke sowie der Teameffektivität zu einem späteren Zeitpunkt führt. Der Zusammenhang der Teamkohäsion mit geteilter Führung ist ebenfalls positiv, so dass geteilte Führung Teamkohäsion vorhersagen kann (Balthazard et al. 2004).

In der Studie von Solansky (2008) zeigt sich, dass in Teams mit geteilter Führung weniger Konflikte auftauchen als in Teams mit einer Führungskraft. Hier muss allerdings berücksichtigt werden, dass es sich um selbstorganisierte Teams handelte, d. h. formelle Führungseinflüsse kamen hier nicht zum Tragen. Von Gupta et al. (2010) wird mit einer Längsschnittstudie an einer studentischen Stichprobe die Bedeutung von Teamkohäsion und Konflikten untersucht. Dabei wurde zwischen Aufgaben- und Teamkonflikten unterschieden. Die Ergebnisse zeigen, dass geteilte Führung negativ mit Konflikten zusammenhängt, wobei der Zusammenhang zwischen geteilter Führung und Leistung vollständig durch Konflikte mediiert wird. Das deckt sich mit der Perspektive von Stewart et al. (2010), der Konflikte und Konfliktverhalten als wichtigen Einflussfaktor von Selbstführung auf Teamebene betrachtet.

Vertrauen zeigt sich in mehreren Studien als bedeutsame Einflussvariable auf geteilte Führung, wobei es zu einer der ersten im Kontext geteilter Führung untersuchten Variablen gehört (Avolio et al. 1996). So finden Small und Rentsch (2010) heraus, dass Vertrauen eine wichtige Voraussetzung für geteilte Führung ist. Gleichzeitig wird durch das Längsschnittdesign eine Zunahme geteilter Führung über die Zeit hinweg beobachtet. Bei Boies et al. (2010) hat Vertrauen einen positiven Zusammenhang mit geteilter transformationaler Führung und einen negativen Zusammenhang mit passiv-vermeidender Führung. Allerdings zeigt sich hier lediglich bei passiv-vermeidender Führung ein bedeutsamer negativer Zusammenhang mit der Teameffektivität. Auffällig in der qualitativen Studie von Werther (2013) ist, dass Vertrauen sehr häufig von den 30 befragten Führungskräften als zentraler Erfolgsfaktor für geteilte Führung genannt wird.

Beim Zusammenhang zwischen geteilter Führung und Effektivität muss berücksichtigt werden, dass Effektivität in den Studien unterschiedlich operationalisiert wird. Daraus wird ersichtlich, dass die Operationalisierung von Selbsteinschätzungen der Teameffektivität durch die Teammitglieder (Avolio et al. 1996) über Fremdeinschätzungen der Teameffektivität durch die Führungskräfte (Muethel et al. 2012) bis hin zu objektiven Ergebnissen wie dem Umsatzwachstum (Ensley et al. 2006) reicht. Gleichzeitig ist wichtig zu beachten, dass sich auch die Messung von geteilter Führung maßgeblich auf den Zusammenhang auswirkt, der bei verhaltensbasierten Messungen mit $\rho = 0{,}25$ signifikant geringer ausfällt als bei netzwerkbasierten Messungen mit $\rho = 0{,}46$ (Werther 2013).

Der aktuelle Forschungsstand zu geteilter Führung zeigt, dass dieses Führungskonstrukt erst nach der Jahrtausendwende an breiterer Aufmerksamkeit und Bedeutsamkeit unter Wissenschaftlern gewonnen hat. Umso wichtiger ist eine Einordnung von geteilter Führung in etablierte Klassifikationen der Führungsforschung. Insgesamt lässt sich geteilte Führung hier insbesondere den Kontingenztheorien sowie den sozialen Austauschtheorien zuordnen. Die Argumentation von Pearce et al. (2009) deutet auf eine kontingenztheoretische Einordnung hin, da geteilte Führung nur unter bestimmten situativen Bedingungen zu höherer Effektivität führt. Analog unterstützen die Befunde von Mehra et al. (2006) eine Zuordnung zu den sozialen Austauschtheorien, nachdem die Netzwerke der Teammitglieder untereinander hier die Grundlage bilden. Gleichzeitig muss aber berücksichtigt werden, dass die Mehrheit der empirischen Studien, z. B. Avolio et al. (1996), mit einer verhaltenstheoretischen Operationalisierung arbeitet, so dass die Verhaltenstheorien ebenfalls von Bedeutung sind.

Nach Hernandez et al. (2011) fokussiert geteilte Führung bisher auf die Aspekte bzgl. der Geführten und bzgl. des Kollektivs. Dieser Fokus legt eine Einordnung geteilter Führung zu den Kontingenztheorien und den sozialen Austauschtheorien nahe. Dennoch gehen Hernandez et al. (2011) weiter und sehen eine Notwendigkeit der Integration der Führungsperson und des Führungsverhaltens, so dass Schnittpunkte mit den Eigenschafts- sowie den Verhaltenstheorien der Führung deutlich werden. Werther und Brodbeck (2014) greifen die Führungsperson als Untersuchungsgegenstand im Kontext geteilter Führung auf. Sie stellen fest, dass neben Fach-, Konflikt- und sozialer Kompetenz insbesondere auch eine geringe Machtmotivation und wenig Egoismus für die erfolgreiche Etablierung und Ausübung geteilter Führung notwendig sind.

Der bisherige Forschungsstand zeigt somit, dass geteilte Führung auf Aspekte der Kontingenztheorien, der sozialen Austauschtheorien und der Verhaltenstheorien der Führung zurückgreift. Dementsprechend ist eine Abgrenzung zu ähnlichen theoretischen Ansätzen dieser Führungstheorien notwendig, um das theoretische Profil von geteilter Führung herauszuarbeiten.

3.4 Abgrenzung zu kollektiven Führungstheorien

Nach diesem Überblick der aktuellen Forschung zu geteilter Führung ist eine Abgrenzung zu kollektiven Führungstheorien notwendig, um eine trennscharfe Ausgangslage für die folgenden empirischen Studien zu erhalten. Dabei dient die Definition von geteilter Führung als Grundlage, die geteilte Führung als 1) dynamischen sozialen Einflussprozess innerhalb eines Teams oder einer Organisation beschreibt, bei dem 2) mehrere formelle oder informelle Führungspersonen gemeinsam oder rotierend 3) auf ein kollektives Ziel hinwirken.

Emergente Führung nach Hollander (1961) ist beispielsweise eine wichtige Grundlage für geteilte Führung, doch ist sie nicht hinreichend für die Erklärung geteilter Führung. So kann mit emergenter Führung auch das Auftreten von lediglich einer informellen Führungskraft erklärt werden, so dass es zwar eine wichtige theoretische Grundlage für geteilte Führung darstellt, aber nicht damit zu verwechseln ist. Analog verhält es sich für partizipative Führung nach Yukl (2006). Hier behält die formale Führungskraft weiterhin ihren Einfluss, es wird lediglich mehr Autonomie und eine umfangreichere Beteiligung bei Entscheidungen an die Geführten bewilligt. Folglich handelt es sich dabei weiterhin um eine klassische hierarchische Führungsform, die nicht hinreichend für die Erklärung geteilter Führung ist und aus dem genannten Grund eindeutig davon abgegrenzt werden kann.

In der englischsprachigen Forschung befassen sich unterschiedliche Konstrukte mit kollektiven Formen der Führung: Neben „shared leadership" werden auch „distributed leadership", „team leadership", „network leadership", „complexity leadership" und „collective leadership" genannt (Bolden 2011; Yammarino et al. 2012). Die zwei Begriffe „distributed leadership" (verteilte Führung) und „shared leadership" (geteilte Führung) werden dabei oftmals synonym verwendet – so werden sie von Carson et al. (2007) nicht trennscharf abgegrenzt und es wird auf Literatur zu „shared leadership" und zu „distributed leadership" zurückgegriffen. Der Unterschied zwischen verteilter und geteilter Führung liegt unter anderem darin, dass der Führungseinfluss bei geteilter Führung weiterhin unter anderem einer formalen Führungskraft entspringen kann (Fitzsimons et al. 2011). Das lässt sich allerdings nicht immer eindeutig zuordnen, so dass die Konstrukte nach Bolden (2011) synonym verwendet werden und die Ursache in der Nomenklatur eher in regionalen Präferenzen von amerikanischen Forschergruppen im Gegensatz zu britischen Forschergruppen liegt. Auf dieser Basis können geteilte Führung und verteilte Führung als synonyme Konstrukte betrachtet werden.

Nach Bolden (2011) bedeutet geteilte Führung keineswegs, dass jedes Teammitglied Führungseinfluss ausübt oder Führungseinfluss ausüben muss. Kramer und Crespy (2011) zeigen auf, dass geteilte Führung vielmehr ein Kontinuum darstellt, mit dem erfahrene Führungskräfte gezielt in unterschiedlichen Ausprägungen arbeiten können. Das deckt sich mit einer strukturellen Perspektive auf geteilte Führung, so dass der Führungseinfluss von zwei oder mehreren Führungskräften oder Teammitgliedern ausgeübt werden kann. Diese Perspektive ist konsistent mit dem relational-strukturellen Ansatz nach Fitzsimons et al. (2011), der eine strukturelle Perspektive auf geteilte Führung ermöglicht und somit die Definition und Abgrenzung erleichtert, worauf bei der Operationalisierung geteilter Führung im nächsten Abschnitt detaillierter eingegangen wird.

Teamführung zeichnet sich nach Day et al. (2004) dadurch aus, dass Führung im Sinne eines Input-Process-Output-Modells (IPO) nicht lediglich als Input betrachtet wird, sondern vielmehr als Output eines Teamprozesses. Es wird also von einer komplexen Wechselwirkung ausgegangen, durch die sich die Arbeit im Team und die Führung im Team gegenseitig beeinflussen. Der dynamische soziale Einflussprozess und auch das kollektive Hinwirken auf ein Ziel sind auch bei Teamführung gegeben. Dabei bedeutet Teamführung dennoch nicht automatisch geteilte Führung, da Teamführung auch von lediglich einer Person innerhalb des Teams ausgeübt werden kann.

Netzwerkführung basiert auf der Annahme, dass die kognitive Repräsentation der Beziehungen zwischen den Mitgliedern eines Teams sowie auf organisationaler Ebene und auch zwischen Organisationen für die Führung ausschlaggebend sind (Balkundi und Kilduff 2006). Das bedeutet folglich, dass direkte und indirekte Beziehungsmuster zwischen allen Beteiligten ein Abbild der Führungsstruktur ergeben. Dabei spielen insbesondere die Zentralität der Führungskräfte und die Dichte des Netzwerks eine Rolle, d. h. eine hohe Zentralität der Führungskraft innerhalb der Gruppe geht mit höherer Effektivität einher (Zohar und Tenne-Gazit 2008). Bei Aufhebung der Fokussierung auf eine einzelne Führungskraft ist keine trennscharfe Abgrenzung von Netzwerkführung und geteilter Führung mehr möglich, wie es auch von Mehra et al. (2006) mit mehreren Formen geteilter Führung aufbauend auf einer netzwerkanalytischen Herangehensweise umgesetzt wird.

Komplexitätsführung geht davon aus, dass allen Führungsprozessen komplexe non-lineare Interaktionen zugrunde liegen, die wiederum Wechselwirkungen mit komplexen adaptiven Systemen aufweisen (Uhl-Bien et al. 2007). Dabei bildet der Zusammenhang zwischen bürokratischen administrativen Funktionen der Organisation und emergenten informellen Systemen eine dynamische Beziehung, die nach Uhl-Bien und Marion (2009) Führung und auch Veränderung in Organisationen auszeichnen. Über Komplexitätsführung fehlen bisher empirische Studien, so dass es sich nach Yammarino et al. (2012) derzeit um ein konzeptionelles Konstrukt ohne empirische Validierung handelt. Von geteilter Führung lässt es sich dadurch abgrenzen, dass auch hier nicht zwangsweise geteilte Führung vorherrschend sein muss, auch wenn dies aufgrund der Betonung emergenter Prozesse sehr wahrscheinlich ist.

Tab. 3.3 Abgrenzung von geteilter Führung (erweiterte Darstellung in Anlehnung an Yammarino et al. (2012))

	Ebene der Analyse	Führungsrolle	Anzahl
Teamführung	Führungskraft, Team, Multiteam-System	Teammitglied und Koordinator des Teams	> = 1
Netzwerkführung	Führungskraft, Team, Netzwerk	Knoten innerhalb des Netzwerks	> = 1
Komplexitätsführung	Verhältnisse, das System	Elemente des Systems oder Verhältnisse	> = 1
Kollektive Führung	Führungskraft, Team, Netzwerk	Mittelpunkt oder Kern mehrerer Kollektive	> = 1
Geteilte Führung	Führungskraft, Teammitglied, Team	Teammitglied	> = 2

Kollektive Führung beschäftigt sich ähnlich wie Netzwerkführung mit einem dynamischen Führungsprozess, in dem eine oder mehrere Führungskräfte selektiv die Fähigkeiten und Expertisen innerhalb eines Netzwerks und über unterschiedliche Ebenen und Hierarchien hinweg möglichst effektiv einsetzen (Friedrich et al. 2009). Dabei stehen unter anderem folgende Konstrukte kollektiver Führung im Mittelpunkt: Fähigkeiten, Netzwerke, Kommunikation, Leistungsparameter sowie affektives Klima auf Teamebene. Kollektive Führung als eigenständige Führungstheorie beinhaltet folglich zwar kollektive Aspekte, doch kann die Führung formal bei einer Führungskraft verortet sein, die abhängig von der Situation unterschiedliche Knoten in ihrem Netzwerk und bei ihren Mitarbeitern aktiviert oder deaktiviert. Geteilte Führung kann also Parallelen mit kollektiver Führung aufweisen, doch ist kollektive Führung aus dem genannten Grund nicht identisch mit geteilter Führung.

Zusammenfassend lässt sich feststellen, dass sich geteilte Führung als dynamischer sozialer Einflussprozess innerhalb eines Teams oder einer Organisation schwer von anderen Führungstheorien wie beispielsweise Teamführung und Netzwerkführung abgrenzen lässt. In Tab. 3.3 werden die dargestellten Konstrukte deshalb mit ihrem theoretischen Fokus gegenübergestellt, um mögliche Abgrenzungsmerkmale herauszuarbeiten. Die folgenden Definitionsbestandteile geteilter Führung können dabei als Rahmen für die Abgrenzung dienen:

1. Geteilte Führung als dynamischer sozialer Einflussprozess innerhalb eines Teams oder einer Organisation: An dieser Stelle lässt sich Komplexitätsführung abgrenzen, da hier Verhältnisse und das System im Mittelpunkt stehen und nicht ein Team oder eine Organisation. Alle anderen kollektiven Führungstheorien beschäftigen sich analog zu geteilter Führung mit einem dynamischen sozialen Einflussprozess innerhalb eines Teams, so dass eine Abgrenzung anhand dieses Aspekts nicht umfassend möglich ist.

2. Geteilte Führung als gemeinsame oder rotierende Aktivität mehrerer formeller oder informeller Führungspersonen: Lediglich bei geteilter Führung wird explizit auf zwei oder mehr Führungspersonen eingegangen. Alle anderen kollektiven Führungstheorien besitzen zwar einen kollektiven Fokus im Sinne der Ebene der Analyse, doch muss dies nicht automatisch in mehreren Führungspersonen resultieren.
3. Geteilte Führung als Hinwirken auf ein kollektives Ziel: Bei allen kollektiven Führungstheorien ist die Rolle der Führungsperson immer als Teil des Teams oder des Systems zu verstehen, so dass in allen Fällen ein kollektives Ziel vorhanden ist. Somit lässt sich anhand dieses Definitionsmerkmals keine Abgrenzung vornehmen.

Der Definitionsbestandteil von geteilter Führung bzgl. mehrerer formeller oder informeller Führungspersonen ist folglich ein Abgrenzungsmerkmal, das eine Differenzierung zwischen geteilter Führung und anderen kollektiven Formen der Führung ermöglicht.

3.5 Dimensionen geteilter Führung

Geteilte Führung wurde anfänglich als Gegenpol zu vertikaler Führung verstanden, wie es beispielsweise von Pearce und Sims (2002) und Ensley et al. (2006) empirisch untersucht wird. Dabei ist die Perspektive zutreffender, dass sich vertikale und geteilte Führung nicht ausschließen, so dass es sich um ein Kontinuum handeln kann, bei dem sowohl eine formelle Führungskraft Führungseinfluss ausübt und gleichzeitig geteilte Führung informell zum Tragen kommt. Das geht einher mit den Definitionen geteilter Führung, die einen dynamischen sozialen Prozess mit formellen und informellen Führungskräften thematisieren.

Von Mehra et al. (2006) werden unterschiedliche Dimensionen geteilter Führung identifiziert, die mit unterschiedlichen Beziehungen zur Effektivität einhergehen. Analog dazu formuliert Bolden (2011) die Untersuchung unterschiedlicher Dimensionen geteilter Führung als zentrale Forschungsfrage der Zukunft. Dabei unterscheiden Mehra et al. (2006) zwischen geteilter Führung, koordiniert-geteilter Führung und fragmentiert-geteilter Führung. Eine Visualisierung dieser Formen geteilter Führung findet sich in Abb. 3.3. Folglich kann geteilte Führung nicht per se einen positiven Zusammenhang mit Effektivität aufweisen, sondern die Dimension geteilter Führung ist ebenfalls ausschlaggebend – koordiniert-geteilte Führung zeigt somit eine höhere Effektivität als fragmentiert-geteilte Führung.

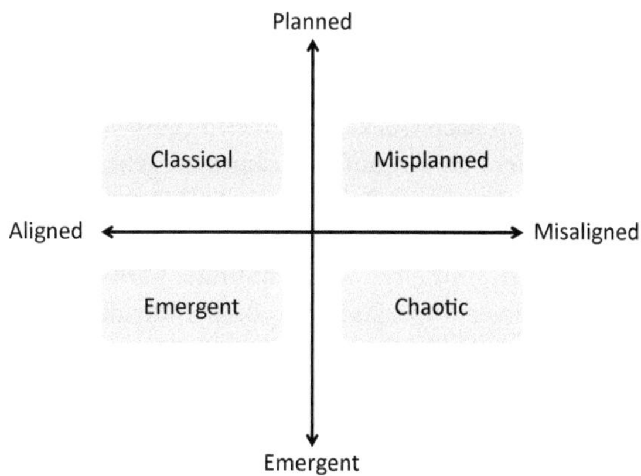

Abb. 3.2 Dimensionen geteilter Führung (Thorpe et al. 2011, S. 244)

Die Dimensionen geteilter Führung von Thorpe et al. (2011) orientieren sich im Gegensatz zu den Dimensionen von Mehra et al. (2006) an den Achsen „Planned" vs. „Emergent" und „Aligned" vs. „Misaligned" (siehe Abb. 3.2). Somit kann die chaotische Dimension geteilter Führung mit der fragmentiert-geteilten Führung nach Mehra et al. (2006) verglichen werden. An diesen Dimensionen wird darüber hinaus deutlich, dass geteilte Führung analog zur Ausgangsdefinition sowohl geplante (formelle) als auch ungeplante (informelle) Anteile und Ursachen haben kann.

Letztlich lassen sich bereits aus den Dimensionen geteilter Führung von Mehra et al. (2006) und Thorpe et al. (2011) verschiedene Implikationen für zukünftige Forschung ableiten. Einen wichtigen Ausgangspunkt stellt dabei der Zusammenhang zwischen geteilter Führung und Effektivität dar, der bei geteilter Führung nicht per se als positiv zu betrachten ist. Die Untersuchung dieser zentralen Forschungsfrage muss folglich der Ausgangspunkt zukünftiger Studien zu geteilter Führung sein, um darauf aufbauend differenziert unterschiedliche Dimensionen geteilter Führung zu erfassen (Bolden 2011). Darüber hinaus sind die dargestellten Dimensionen geteilter Führung auch für die Operationalisierung relevant, worauf im nächsten Abschnitt eingegangen wird.

3.6 Operationalisierungen

Nach der Abgrenzung von ähnlichen Konstrukten ist eine Auseinandersetzung mit den Operationalisierungen geteilter Führung notwendig. Dabei kann letztlich zwischen zwei Ansätzen unterschieden werden, die einmal einer verhaltensbasierten Messmethode (Avolio et al. 2003; Pearce und Sims 2002) entsprechen und auf der anderen Seite einer netzwerkbasierten Operationalisierung (Carson et al. 2007; Mehra et al. 2006) zuzuordnen sind. Die verhaltensbasierte Operationalisierung zeichnet sich nach Gockel und Werth (2010) dadurch aus, dass Verhaltensweisen individueller Führung auf die Teamebene gehoben werden und dort abgefragt werden, beispielsweise im Rahmen des TMLQ nach Avolio et al. (2003). Im Gegensatz dazu werden bei netzwerkbasierten Operationalisierungen die Teammitglieder eingeschätzt, inwiefern sie bestimmte Verhaltensweisen zeigen, so dass keine Fokussierung auf spezifische Theorien individueller Führung notwendig und auch keine Unterscheidung zwischen vertikaler und geteilter Führung möglich ist, da es sich somit bei geteilter Führung um ein Kontinuum handelt (Gockel und Werth 2010). Diese beiden Varianten der Operationalisierung werden in den folgenden Abschnitten vertieft diskutiert.

3.6.1 Verhaltensbasierte Operationalisierung

Die von Pearce und Sims (2002) und Avolio et al. (2003) verhaltensbasierte Operationalisierung geteilter Führung stellt die Anfänge der emprischen Forschung zu geteilter Führung dar.

Dabei baut der erste Fragebogen von Pearce und Sims (2002) auf den Verhaltenstheorien der Führung auf und unterscheidet zwischen fünf Varianten des Führungsverhaltens, die jeweils entweder vertikal oder geteilt auftreten können. Sie unterscheiden zwischen aversiver, direktiver, empowering, transaktionaler und transformationaler Führung. Jeder Befragte muss dabei jedes Item dieser fünf Führungsverhaltensweisen doppelt beurteilen – einmal bezogen auf die formale Führungskraft und einmal bezogen auf das gesamte Team. In Tab. 3.4 werden Beispiele dieser Operationalisierung aus dem Originalfragebogen von Pearce und Sims (2002) aufgeführt. Der zweite Fragebogen der verhaltensbasierten Operationalisierung von Avolio et al. (2003) baut auf dem Multifactor Leadership Questionnaire (MLQ) von Bass und Avolio (1994) auf und arbeitet mit ihm auf Teamebene, was in den Team Multifactor Leadership Questionnaire (TMLQ) resultiert.

Allerdings darf die verhaltensbasierte Operationalisierung geteilter Führung nicht damit verwechselt werden, dass Verhaltensweisen direkt gemessen bzw. beobachtet werden, nachdem die Bezeichnung in diese Richtung weist. Diese Messmethode baut vielmehr (analog zu den Verhaltenstheorien der Führung) auf einer Wahrnehmung der Verhaltensweisen durch die Mitarbeiter und Führungskräfte auf.

Tab. 3.4 Items aus dem Originalfragebogen von Pearce und Sims (2002)

	Vertikale Führung	Geteilte Führung
Aversive Führung	My team leader tries to influence me through threat and intimidation	My team members try to influence me through threat and intimidation
Direktive Führung	My team leader gives me instructions about how to do my work	My team members give me instructions about how to do my work
Empowering Führung	My team leader encourages me to search for solutions to my problems without supervision	My team members encourage me to search for solutions to my problems without supervision
Transaktionale Führung	My team leader will recommend that I am compensated well if I perform well	My team members will recommend that I am compensated well if I perform well
Transformationale Führung	My team leader provides a clear vision of who and what our team is	My team members provide a clear vision of who and what our team is

Nach Gockel und Werth (2010) bringt die verhaltensbasierte Operationalisierung den Vorteil mit sich, dass sie auf etablierten Konzepten individueller (traditioneller) Führung aufbaut, so dass ein Vergleich von vertikaler und geteilter Führung möglich ist, wie es von Pearce und Sims (2002) umgesetzt wird. Somit bleibt allerdings auch der Fokus auf eine individuelle Führungskraft und damit verbundenes effektives Führungsverhalten erhalten (Yammarino et al. 2012). Ein weiterer Vorteil liegt in der Identifikation der Art des Einflusses, der über die unterschiedlichen Führungsverhaltensweisen automatisch miterhoben wird. Darüber hinaus wird die allgemeine Repräsentanz geteilter Führung im jeweiligen Team gemessen, ohne dass genau erhoben wird, welche Person welchen Führungseinfluss ausübt. Das führt auch dazu, dass die Fragebögen der verhaltensbasierten Operationalisierung relativ leicht angewendet werden können. Gleichzeitig stellt das einen großen Nachteil dieser Messmethode dar, nachdem damit methodische und theoretische Probleme einhergehen. Es lässt sich beispielsweise nicht feststellen, welche Person die Befragten als Referenz für die Einschätzung des durchschnittlichen Verhaltens innerhalb des Teams benutzen. Möglicherweise basieren die Einschätzungen somit auf dem einflussreichsten oder dominantesten Gruppenmitglied, oder sogar auf der individuellen formellen Führungskraft. Darüber hinaus bringt die verhaltensbasierte Operationalisierung den Nachteil mit sich, dass sie nur in Kombination mit Führungstheorien auf Individuumsebene operationalisiert werden können.

3.6.2 Netzwerkbasierte Operationalisierung

Die netzwerkbasierte Operationalisierung geht auf soziale Netzwerkanalysen zurück. Dabei taucht sie bei Mayo et al. (2003) erstmalig auf und wird von Mehra et al. (2006) in einer ersten empirischen Untersuchung aufgegriffen. Mayo et al. (2003) greifen dabei in ihrer theoretischen Ausführung über die netzwerkbasierte Operationalisierung weiterhin Führungsverhaltensweisen auf, die allerdings von jedem Teammitglied für jedes andere Teammitglied eingeschätzt werden müssen. Im Ergebnis erhält man für jedes Teammitglied eine Ausprägung transaktionaler Führung und transformationaler Führung, so dass sich darauf aufbauend Führungsnetzwerke für das gesamte Team darstellen lassen, anhand derer wiederum die Zentralität und Dichte der Führung im jeweiligen Team analysiert werden kann. Die Dichte ist dabei ein Wert zwischen 0 und 1, der sich aus der Anzahl an tatsächlichen Beziehungseinflüssen geteilt durch die Anzahl an maximal möglichen Beziehungseinflüssen innerhalb des Teams errechnet (Gockel und Werth 2010). Nach Mayo et al. (2003) kann geteilte Führung folglich als Dezentralisierung innerhalb des Teams konzeptionalisiert werden, d. h. je weniger zentral bestimmte Personen innerhalb des Führungsnetzwerks erscheinen, umso geteilter ist die Führung in diesem Team. Eine hohe Dezentralisierung kombiniert mit einer hohen Dichte führt somit zu einer hohen Ausprägung geteilter Führung, während eine niedrige Dezentralisierung kombiniert mit einer hohen Dichte zu vertikaler Führung führt. Insofern liegt dieser Operationalisierung immer noch die Annahme von vertikaler Führung und geteilter Führung zugrunde, wie es bereits bei Pearce und Sims (2002) dargestellt wurde.

Mehra et al. (2006) arbeiten dagegen mit einer netzwerkbasierten Operationalisierung, die losgelöst von Führungsverhaltensweisen erfolgt. Das resultiert bei ihnen in unterschiedlichen Dimensionen geteilter Führung, die von koordiniert-geteilter Führung bis hin zu fragmentiert-geteilter Führung reichen, wie in Abb. 3.3 dargestellt. Diese Operationalisierung wird nach Yammarino et al. (2012) insbesondere auch bei empirischen Untersuchungen von Netzwerkführung verwendet.

Ein großer Vorteil der netzwerkbasierten Operationalisierung ist nach Gockel und Werth (2010) die differenzierte Verfügbarkeit von Informationen über Umfang und Verteilung geteilter Führung, die für jedes Teammitglied vorliegen. Die Übertragung in Soziogramme ermöglicht darüber hinaus eine differenzierte Analyse mit den gängigen Methoden der sozialen Netzwerkanalyse, die nach Yammarino et al. (2012) losgelöst von Führung zum Einsatz kommen. Den größten Nachteil dieser Operationalisierung stellt jedoch die umfangreiche und zeitintensive Erhebung dar.

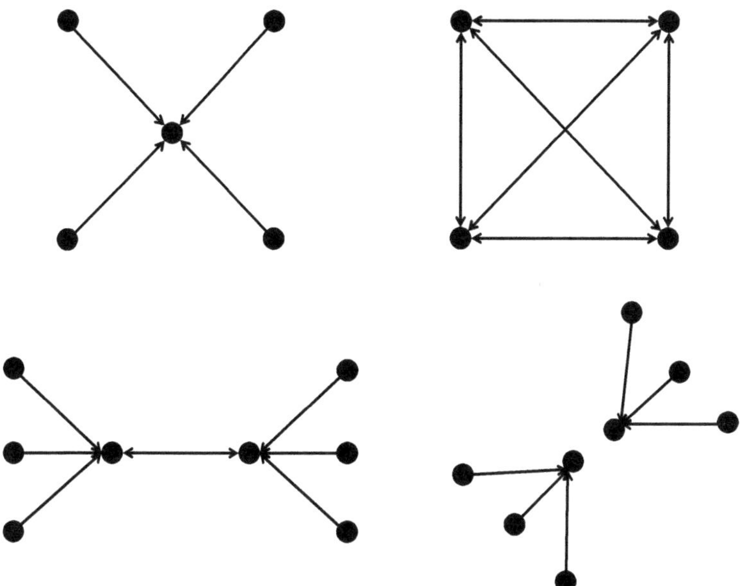

Abb. 3.3 Dimensionen geteilter Führung (Mehra et al. 2006, S. 234–236)

3.6.3 Gegenüberstellung der Operationalisierungen

Eine Gegenüberstellung der verhaltensbasierten und der netzwerkbasierten Operationalisierungen zeigt, dass jede Messmethode mit bestimmten Vor- und Nachteilen einhergeht. So kommen auch Gockel und Werth (2010) zu dem Fazit, dass es keine beste Operationalisierung geteilter Führung gibt, sondern dass die Wahl der Messmethode immer mit der Forschungsfrage und auch mit praktischen Aspekten der Stichprobe und anderen Rahmenbedingungen übereinstimmen muss. Gleichzeitig stellen die Autoren allerdings auch fest, dass bis zum heutigen Zeitpunkt unklar ist, inwiefern die unterschiedlichen Operationalisierungen auch die gleichen Aspekte geteilter Führung messen. Geteilte Führung stellt aufgrund ihrer kollektiven Struktur traditionelle Macht- und Autoritätsverhältnisse in Frage, so dass dementsprechend auch von unterschiedlichen Aspekten geteilter Führung ausgegangen werden muss (Yammarino et al. 2012). Somit kann geteilte Führung sowohl informell als auch formell sowie auf einer Ebene und über mehrere Ebenen hinweg wirken, was auch von den Operationalisierungen abgebildet werden muss. So handelt es sich bei geteilter Führung um einen dynamischen sozialen Einflussprozess, wie er am Anfang dieser Arbeit definiert wurde. Eine Messmethode muss nach Gockel und Werth (2010) folglich auch diese Dynamik und Veränderungen in der Führungsstruktur der geteilten Führung über die Zeit hinweg abbilden können, wobei bisher nur sehr wenige Längsschnittstudien vorliegen, beispielsweise von Sivasubramaniam et al. (2002) und Gupta et al. (2010).

Die verhaltensbasierte Operationalisierung baut dabei auf den Verhaltenstheorien der Führung auf, wie sie eingangs im Rahmen der Klassifikation der bisherigen Führungsforschung dargestellt wurden. Somit wird geteilte Führung nur in Kombination mit Führungsstilen, z. B. transformationaler oder transaktionaler Führung, gemessen und entsprechend orientiert sich die Formulierung der Skalen an etablierten Skalen zu Führungsstilen, wie dem MLQ. Im Gegensatz dazu orientiert sich die netzwerkbasierte Operationalisierung an sozialen Austauschtheorien, die durch soziale Netzwerkanalysen losgelöst von konkreten Führungsstilen gemessen werden. Insgesamt liegen den beiden Operationalisierungen also analog zu den Unterschieden bei der Operationalisierung damit auch unterschiedliche theoretische Rahmenmodelle zugrunde.

Letztlich kann aber auch deshalb beim gegenwärtigen Stand der Forschung keine Aussage über die Unterschiede der beiden Operationalisierungen getroffen werden, weil netzwerkbasierte Operationalisierungen – sicherlich auch aufgrund des hohen Aufwands – nur selten in der Forschung verwendet werden (Gockel und Werth 2010). Die Metaanalyse von Werther (2013) liefert hier zwar interessante Einblicke, doch ist die Anzahl an Primärstudien mit netzwerkbasierter Messung sehr gering. Auffällig ist dabei sowohl bei der verhaltensbasierten als auch bei der netzwerkbasierten Operationalisierung, dass die Dimensionen geteilter Führung nach Mehra et al. (2006) und Thorpe et al. (2011) unberücksichtigt bleiben. Lediglich in der empirischen Arbeit von Mehra et al. (2006), die als Grundlage für die Identifikation der postulierten Dimensionen darstellt, erfolgt eine empirische Überprüfung der Dimensionen geteilter Führung. Vielmehr liegt der Fokus der Forschung oftmals weiterhin auf individuellen Führungstheorien, beispielsweise transaktionaler und transformationaler Führung.

Zusammenfassend lässt sich sagen, dass mit beiden Operationalisierungen geteilte Führung nach der eingangs hergeleiteten Definition gemessen werden kann. Dennoch ist es zum derzeitigen Forschungsstand nicht möglich, eine Aussage über die Zusammenhänge der Operationalisierungen zueinander und die Auswirkungen der Messmethoden auf die Zusammenhänge geteilter Führung mit Effektivität oder mit vermittelnden Variablen zu treffen.

Fazit 4

Geteilte Führung ist eine Antwort auf zahlreiche Herausforderungen des 21. Jahrhunderts, so dass eine intensive wissenschaftliche Auseinandersetzung damit notwendig ist (Raelin 2005). Ist geteilte Führung somit der Schlüssel zum Erfolg in Teams, wie es von Pearce et al. (2009) angesprochen wird? Ist geteilte Führung die effektivste Führungsform, wie es von Hoch, Pearce und Welzel (2010) thematisiert wird? Zweifelsfrei ist geteilte Führung als kollektive Führungsstruktur ein Thema, mit dem sich die Führungsforschung und -praxis weiterhin und vor allem noch intensiver auseinandersetzen muss, wie der hier dargestellte Überblick über die aktuelle Forschung zeigt.

Zusammenfassend lässt sich anhand der vorherigen Kapitel feststellen, dass geteilte Führung aus wissenschaftlicher Perspektive äußerst bedeutsam für die Führungsforschung ist. Allerdings werden die Studien der nächsten Jahre und die daraus resultierende Anwendung in der Praxis erst zeigen, ob geteilte Führung der Schlüssel zum Erfolg in Teams und Organisationen ist, oder ob sie lediglich eine von mehreren wichtigen Komponenten des Führungserfolgs darstellt. Zweifellos ist eine differenzierte Betrachtung von geteilter Führung notwendig, da sie – wenig überraschend – nicht automatisch zu besseren Ergebnissen führt.

S. Werther, *Geteilte Führung, essentials*,
DOI 10.1007/978-3-658-05344-4_4, © Springer Fachmedien Wiesbaden 2014

Was Sie aus diesem Essential mitnehmen können

- Der Erfolg geteilter Führung hängt von unterschiedlichen Faktoren ab, so dass eine differenzierte Betrachtungsweise dieser Führungsstruktur notwendig ist.
- Es ist eine Unterscheidung verschiedener Formen geteilter Führung möglich, z. B. verhaltensbasierte Messung vs. netzwerkbasierte Messung oder noch differenzierter koordiniert-geteilte Führung bis hin zu fragmentiert-geteilte Führung.
- Die empirischen Ergebnisse zu geteilter Führung haben in den letzten Jahren stark zugenommen, so dass bereits zahlreiche Antezedenzien und Konsequenzen geteilter Führung untersucht wurden.
- Abschließend lässt sich festhalten, dass geteilte Führung eine moderne Führungsstruktur ist, die in zahlreichen praktischen Kontexten verbreitet ist.

S. Werther, *Geteilte Führung*, essentials,
DOI 10.1007/978-3-658-05344-4, © Springer Fachmedien Wiesbaden 2014

Literatur

Avolio, B. J., Jung, D. I., Murry, W., & Sivasubramaniam, N. (1996). Building highly developed teams: Focusing on shared leadership processes, efficacy, trust, and performance. In M. M. Beyerlein, D. A. Johnson & S. T. Beyerlein (Hrsg.), *Advances in interdisciplinary studies of work teams* (Vol. 3, S. 173–209). Greenwich: JAI Press.

Avolio, B. J., Sivasubramaniam, N., Murry, W. D., Jung, D., & Garger, J. W. (2003). Assessing shared leadership: Development and preliminary validation of a team multifactor leadership questionnaire. In C. Pearce & J. Conger (Hrsg.), *Shared leadership. reframing the hows and whys of leadership* (S. 143–172). Thousand Oaks: Sage.

Avolio, B. J., Walumbwa, F. O., & Weber, T. J. (2009). Leadership: current theories, research, and future directions. *Annual Review of Psychology, 60,* 421–449. doi:10.1146/annurev. psych.60.110707.163621.

Bales, R. F. (1954). In conference. *Harvard Business Review, 32,* 44–50.

Balkundi, P., & Kilduff, M. (2006). The ties that lead: A social network approach to leadership. *The Leadership Quarterly, 17,* 419–439. doi:10.1016/j.leaqua.2006.01.001.

Balthazard, P., Waldman, D., Howell, J., & Atwater, L. (2004). *Shared leadership and group interaction styles in problem-solving virtual teams.* In Proceedings of the 37th hawaii international conference on system sciences.

Barry, D. (1991). Managing the bossless team: Lessons in distributed leadership. *Organizational Dynamics, 20*(1), 31–47. doi:10.1016/0090-2616(91)90081-J.

Barsh, J., Capozzi, M. M., & Davidson, J. (2008). Leadership and innovation. *The McKinsey Quarterly, 1,* 37–47.

Bass, B. M., & Avolio, B. J. (1994). *Improving organizational effectiveness through transformational leadership.* Thousand Oaks: Sage.

Bass, B. M., & Avolio, B. J. (1995). *MLQ multifactor leadership questionnaire: Technical report.* Redwood City: Mind Garden.

Beck, A. P., Eng, A. M., & Brusa, J. A. (1989). The evolution of leadership during group development. *Group, 13*(3–4), 155–164. doi:10.1007/BF01473148.

Bienefeld, N., & Grote, G. (2010). *Emergency at 35000 ft.: how cockpit and cabin crews lead each other to safety.* In Proceedings of the 29th EAAP conference. Budapest.

Boies, K., Lvina, E., & Martens, M. L. (2010). Shared leadership and team performance in a business strategy simulation. *Journal of Personnel Psychology, 9*(4), 195–202. doi:10.1027/1866-5888/a000021.

S. Werther, *Geteilte Führung, essentials,*
DOI 10.1007/978-3-658-05344-4, © Springer Fachmedien Wiesbaden 2014

Bolden, R. (2011). Distributed leadership in organizations: A review of theory and research. *International Journal of Management Reviews, 13*(3), 251–269. doi:10.1111/j.1468-2370. 2011.00306.x.

Bono, J. E., & Judge, T. A. (2004). Personality and transformational and transactional leadership: a meta-analysis. *Journal of Applied Psychology, 89*(5), 901–910. doi:10.1037/ 0021-9010.89.5.901.

Bowers, D. G., & Seashore, S. E. (1966). Predicting organizational effectiveness with a four-factor theory of leadership. *Administrative Science Quarterly, 11*(2), 238. doi:10.2307/ 2391247.

Brodbeck, F. C. (2008). Leadership in organizations. In N. Chmiel (Hrsg.), *An introduction to work and organizational psychology. an european perspective* (S. 281–304). Malden: Blackwell.

Brown, M. E., & Gioia, D. A. (2002). Making things click: Distributive leadership in an online division of an offline organization. *The Leadership Quarterly, 13*, 397–419. doi:10.1016/ S1048-9843(02)00123-6.

Brown, M. H. (1986). Distributed leadership and skilled performance as successful organization in social movements. *Human Relations, 39*(1), 65–79. doi:10.1177/ 001872678603900104.

Budd, J. W., Gollan, P. J., & Wilkinson, A. (2010). New approaches to employee voice and participation in organizations. *Human Relations, 63*(3), 303–310. doi:10.1177/ 0018726709348938.

Carson, J. B., Tesluk, P. E., & Marrone, J. A. (2007). Shared leadership in teams: an investigation of antecedent conditions and performance. *Academy of Management Journal, 50*(5), 1217–1234. doi:10.2307/20159921.

Carte, T. A., Chidambaram, L., & Becker, A. (2006). Emergent leadership in self-managed virtual teams. *Group Decision and Negotiation, 15*(4), 323–343. doi:10.1007/s10726-006-9045-7.

Cawley, B. D., Keeping, L. M., & Levy, P. E. (1998). Participation in the performance appraisal process and employee reactions: A meta-analytic review of field investigations. *Journal of Applied Psychology, 83*(4), 615–633. doi:10.1037//0021-9010.83.4.615.

Conger, J. A., & Kanungo, R. N. (1988). The empowerment process: Integrating theory and practice. *Academy of Management Review, 13*(3), 471–482.

Dansereau, F., Graen, G., & Haga, W. J. (1975). A Vertical dyad linkage approach to leadership within formal organizations: A longitudinal investigation of the role making process. *Organizational Behavior and Human Performance, 13*, 46–78. doi:10.1016/0030-5073(75)90005-7.

Day, D. V., Gronn, P., & Salas, E. (2004). Leadership capacity in teams. *The Leadership Quarterly, 15*(6), 857–880. doi:10.1016/j.leaqua.2004.09.001.

Ensley, M. D., Hmieleski, K. M., & Pearce, C. L. (2006). The importance of vertical and shared leadership within new venture top management teams: Implications for the performance of startups. *The Leadership Quarterly, 17*(3), 217–231. doi:10.1016/j.leaqua.2006.02.002.

Ensley, M. D., Pearson, A., & Pearce, C. L. (2003). Top management team process, shared leadership, and new venture performance: A theoretical model and research agenda. *Human Resource Management Review, 13*(2), 329–346. doi:10.1016/S1053-4822(03)00020-2.

Fausing, M. S. l., Jeppesen, H. J., Jonsson, T., Lewandowski, J., & Bligh, M. (2012). *Antecedents of shared leadership: Psychological empowerment and interdependence*. In Proceedings of the 30th international congress of psychology. Cape Town.

Fiedler, F. E. (1964). A contingency model of leadership effectiveness. In *Advances in experimental social psychology*. New York: Academic Press.

Finley, N. E. (1994). Leadership: The collaborative process. *Journal of Leadership & Organizational Studies, 1*(3), 57–66. doi:10.1177/107179199400100307.

Fitzsimons, D., James, K. T., & Denyer, D. (2011). Alternative approaches for studying shared and distributed leadership. *International Journal of Management Reviews, 13*(3), 313–328. doi:10.1111/j.1468-2370.2011.00312.x.

Fleishman, E. A. (1953). The description of supervisory behavior. *Journal of Applied Psychology, 37*(1), 1–6. doi:10.1037/h0056314.

Friedrich, T. L., Vessey, W. B., Schuelke, M. J., Ruark, G. A., & Mumford, M. D. (2009). A framework for understanding collective leadership: The selective utilization of leader and team expertise within networks. *The Leadership Quarterly, 20*(6), 933–958. doi:10.1016/j.leaqua.2009.09.008.

Gerstner, C. R., & Day, D. V. (1997). Meta-analytic review of leader-member exchange theory: Correlates and construct issues. *Journal of Applied Psychology, 82*(6), 827–844. doi:10.1037/0021-9010.82.6.827.

Gibb, C. A. (1954). Leadership. In G. Lindzey (Hrsg.), *Handbook of social psychology*. Cambridge: Addison-Wesley.

Gockel, C., & Werth, L. (2010). Measuring and modeling shared leadership. *Journal of Personnel Psychology, 9*(4), 172–180. doi:10.1027/1866-5888/a000023.

Gressick, J., & Derry, S. J. (2010). Distributed leadership in online groups. *International Journal of Computer-Supported Collaborative Learning, 5*(2), 211–236. doi:10.1007/s11412-010-9086-4.

Gronn, P. (2002). Distributed leadership as a unit of analysis. *The Leadership Quarterly, 13*(4), 423–451. doi:10.1016/S1048-9843(02)00120-0.

Gupta, V. K., Huang, R., & Niranjan, S. (2010). A longitudinal examination of the relationship between team leadership and performance. *Journal of Leadership & Organizational Studies, 17*(4), 335–350. doi:10.1177/1548051809359184.

Hallinger, P., & Richardson, D. (1988). Models of shared leadership: Evolving structures and relationships. *The Urban Review, 20*(4), 229–245. doi:10.1007/BF01120135.

Harris, P. R., & Harris, D. L. (1989). High performance team management. *Leadership & Organization Development Journal, 10*(4), 28–32. doi:10.1108/EUM0000000001141.

Heenan, D. A., & Bennis, W. (1999). *Co-leaders: The power of great partnerships*. New York: John Wiley & Sons.

Hernandez, M., Eberly, M. B., Avolio, B. J., & Johnson, M. D. (2011). The loci and mechanisms of leadership: Exploring a more comprehensive view of leadership theory. *The Leadership Quarterly, 22*(6), 1165–1185. doi:10.1016/j.leaqua.2011.09.009.

Hiller, N. J., Day, D. V., & Vance, R. J. (2006). Collective enactment of leadership roles and team effectiveness: A field study. *The Leadership Quarterly, 17*(4), 387–397. doi:0.1016/j.leaqua.2006.04.004.

Hmieleski, K. M., Cole, M. S., & Baron, R. A. (2011). Shared authentic leadership and new venture performance. *Journal of Management, 38*(5), 1476–1499. doi:10.1177/0149206311415419.

Hoch, J. E., & Kozlowski, S. W. J. (2012). Leading virtual teams: Hierarchical leadership, structural supports, and shared team leadership. *Journal of Applied Psychology*. doi:10.1037/a0030264.

Hoch, J. E., Pearce, C. L., & Welzel, L. (2010). Is the most effective team leadership shared? The impact of shared leadership, age diversity and coordination on team performance. *Journal of Personnel Psychology, 9*(3), 105–116. doi:10.1027/18665888/a000020.

Hollander, E. P. (1961). Some effects of perceived status on responses to innovative behavior. *Journal of Abnormal and Social Psychology, 63*(2), 247–50. doi:10.1037/h0048240.

Homans, G. C. (1958). Social behavior as exchange. *American Journal of Sociology, 63*(6), 597–606. doi:10.1086/222355.

Houghton, J. D., Neck, C. P., & Manz, C. C. (2003). Self-leadership and superleadership: The heart and art of creating shared leadership in teams. In C. Pearce & J. Conger (Hrsg.), *Shared leadership. reframing the hows and whys of leadership* (S. 123–140). Thousand Oaks: Sage.

House, R. J. (1971). A path goal theory of leader effectiveness. *Administrative Science Quarterly, 16*(3), 321–339. doi:10.2307/2391905.

Judge, T. A., & Piccolo, R. F. (2004). Transformational and transactional leadership: A meta-analytic test of their relative validity. *Journal of Applied Psychology, 89*(5), 755–768. doi:10.1037/0021-9010.89.5.755.

Judge, T. A., Bono, J. E., Ilies, R., & Gerhardt, M. W. (2002). Personality and leadership: A qualitative and quantitative review. *Journal of Applied Psychology, 87*(4), 765–780. doi:10.1037//0021-9010.87.4.765.

Judge, T. A., Piccolo, R. F., & Ilies, R. (2004). The forgotten ones? The validity of consideration and initiating structure in leadership research. *Journal of Applied Psychology, 89*(1), 36–51. doi:10.1037/0021-9010.89.1.36.

Katz, D., & Kahn, R. L. (1978). *The social psychology of organizations.* New York: Wiley.

Katz, D., Maccoby, N., & Morse, N. C. (1950). *Productivity, supervision and morale in an office situation.* Ann Arbor: University of Michigan.

Kempster, S., & Parry, K. W. (2011). Grounded theory and leadership research: A critical realist perspective. *The Leadership Quarterly, 22*(1), 106–120. doi:10.1016/j.leaqua.2010.12.010.

Kerr, S., & Jermier, J. M. (1978). Substitutes for leadership: Their meaning and measurement. *Organizational Behavior and Human Performance, 22*, 375–403. doi:10.1016/0030-5073(78)90023-5146.

Kramer, M. W., & Crespy, D. A. (2011). Communicating collaborative leadership. *The Leadership Quarterly, 22*(5), 1024–1037. doi:10.1016/j.leaqua.2011.07.021.

Kramer, M. W. (2006). Shared leadership in a community theater group: Filling the leadership role. *Journal of Applied Communication Research, 34*(2), 141–162. doi:10.1080/00909880600574039.

Lawrence, L. C., & Smith, P. C. (1955). Group decision and employee participation. *Journal of Applied Psychology, 39*(5), 334–337. doi:10.1037/h0045797.

Lewin, K., Lippitt, R., & White, R. K. (1939). Patterns of aggressive behavior in experimentally created 'social climates. *The Journal of Social Psychology, 10*, 271–299. doi:0.1080/00224545.1939.9713366.

Likert, R. (1961). *New patterns of management.* New York: McGraw-Hill.

Mamman, A., Kamoche, K., & Bakuwa, R. (2012). Diversity, organizational commitment and organizational citizenship behavior: An organizing framework. *Human Resource Management Review, 22*(4), 285–302. doi:10.1016/j.hrmr.2011.12.003.

Manz, C. C., & Sims, H. P. (1980). Self-management as a substitute for leadership: A social learning theory perspective. *Academy of Management Review, 5*(3), 361–368. doi:10.5465/AMR.1980.4288845.

Mathis, R. D., & Tanner, Z. (1991). Cohesion, adaptability, and satisfaction of family systems in later life. *Family Therapy, 18*(1), 47–60.

Maynard, M. T., Gilson, L. L., & Mathieu, J. E. (2012). Empowerment – fad or fab? A multilevel review of the past two decades of research. *Journal of Management, 38*(4), 1231–1281. doi:10.1177/0149206312438773.

Mayo, M., Meindl, J. R., & Pastor, J.-C. (2003). Shared leadership in work teams: A social network approach. In C. Pearce & J. Conger (Hrsg.), *Shared leadership. reframing the hows and whys of leadership* (S. 193–214). Thousand Oaks: Sage.

Mehra, A., Smith, B. R., Dixon, A. L., & Robertson, B. (2006). Distributed leadership in teams: The network of leadership perceptions and team performance. *The Leadership Quarterly, 17*(3), 232–245. doi:10.1016/j.leaqua.2006.02.003.

Morgeson, F. P., DeRue, D. S., & Karam, E. P. (2010). Leadership in teams: A functional approach to understanding leadership structures and processes. *Journal of Management, 36*(1), 5–39. doi:10.1177/0149206309347376.

Muethel, M., Gehrlein, S., & Hoegl, M. (2012). Socio-demographic factors and shared leadership behaviors in dispersed teams: Implications für human resource management. *Human Resource Management, 51*(4), 525–548. doi:10.1002/hrm.

Nielsen, K., & Daniels, K. (2012). Does shared and differentiated transformational leadership predict followers' working conditions and well-being? *The Leadership Quarterly, 23*(3), 383397. doi:10.1016/j.leaqua.2011.09.001.

Pearce, C. L., & Conger, J. A. (2003). All those years ago. The historical underpinnings of shared leadership. In C. Pearce & J. Conger (Hrsg.), *Shared leadership. reframing the hows and whys of leadership* (S. 1–18). Thousand Oaks: Sage.

Pearce, C. L., & Sims, H. P. (2002). Vertical versus shared leadership as predictors of the effectiveness of change management teams: An examination of aversive, directive, transactional, transformational, and empowering leader behaviors. *Group Dynamics: Theory, Research, and Practice, 6*(2), 172–197. doi:10.1037//10892699.6.2.172.

Pearce, C. L. (2004). The future of leadership: Combining vertical and shared leadership to transform knowledge work. *Academy of Management Executive, 18*(1), 47–57. doi:10.5465/AME.2004.12690298.

Pearce, C. L., Conger, J. A., & Locke, E. A. (2008). Shared leadership theory. *The Leadership Quarterly, 19*(5), 622–628. doi:10.1016/j.leaqua.2008.07.005.

Pearce, C. L., Manz, C. C., & Sims, H. P. (2009). Where do we go from here?: Is shared leadership the key to team success? *Organizational Dynamics, 38*(3), 234–238. doi:10.1016/j.orgdyn.2009.04.008.

Perry, M. L., Pearce, C. L., & Sims, H. P. (1999). Empowered selling teams: How shared leaderships can contribute to selling team outcomes. *Journal of Personal Selling & Sales Management, 19*(3), 35–51.

Peters, L. H., Hartke, D. D., & Pohlmann, J. T. (1985). Fiedler's contingency theory of leadership: An application of the meta-analysis procedures of Schmidt and Hunter. *Psychological Bulletin, 97*(2), 274–285. doi:10.1037//0033-2909.97.2.274.

Plowman, D. A., Solansky, S., Beck, T. E., Baker, L., Kulkarni, M., & Travis, D. V. (2007). The role of leadership in emergent, self-organization. *The Leadership Quarterly, 18*(4), 341–356. doi:10.1016/j.leaqua.2007.04.004.

Quistorp, S. (2011). Organisationen als fluide Systemstrukturen verstehen und führen. In J. Rump, F. Schabel, & S. Grabmeier (Hrsg.), *Auf dem weg in die organisation 2.0: Mut zur unsicherheit* (S. 77–87). Sternenfels: Wissenschaft & Praxis.

Raelin, J. A. (2005). We the leaders: In order to form a leaderful organization. *Journal of Leadership & Organizational Studies, 12*(2), 18–30. doi:10.1177/107179190501200202.

Ramthun, A. J., & Matkin, G. S. (2012). Multicultural shared leadership: A conceptual model of shared leadership in culturally diverse teams. *Journal of Leadership & Organizational Studies, 19*(3), 303–314. doi:10.1177/1548051812444129.

Shondrick, S. J., Dinh, J. E., & Lord, R. G. (2010). Developments in implicit leadership theory and cognitive science: Applications to improving measurement and understanding alternatives to hierarchical leadership. *The Leadership Quarterly, 21*(6), 959–978. doi:0.1016/j.leaqua.2010.10.004.

Sivasubramaniam, N., Murry, W. D., Avolio, B. J., & Jung, D. I. (2002). A longitudinal model of the effects of team leadership and group potency on group performance. *Group & Organization Management, 27*(1), 66–96. doi:10.1177/1059601102027001005.

Small, E. E., & Rentsch, J. R. (2010). Shared leadership in teams: A matter of distribution. *Journal of Personnel Psychology, 9*(4), 203–211. doi:10.1027/18665888/a000017.

Solansky, S. T. (2008). Leadership style and team processes in self-managed teams. *Journal of Leadership & Organizational Studies, 14*(4), 332–341. doi:10.1177/1548051808315549.

Solomon, A., Loeffler, F. J., & Frank, G. H. (1953). An analysis of co-therapist interaction in group psychotherapy. *International Journal of Group Psychotherapy, 3*, 171–180.

Sorrentino, R. M. (1973). An extension of theory of achievement motivation to the study of emergent leadership. *Journal of Personality and Social Psychology, 26*(3), 356–368. doi:10.1037/h0034476.

Spreitzer, G. M. (1995). Psychological empowerment in the workplace: Dimensions, measurement, and validation. *Academy of Management Journal, 38*(5), 14421465. doi:10.2307/256865.

Stentz, J. E., Plano Clark, V. L., & Matkin, G. S. (2012, Oktober). Applying mixed methods to leadership research: A review of current practices. *The Leadership Quarterly, 23*(6), 1173–1183. doi:10.1016/j.leaqua.2012.10.001.

Stewart, G. L., Courtright, S. H., & Manz, C. C. (2010). Self-leadership: A multilevel review. *Journal of Management, 37*(1), 185–222. doi:10.1177/0149206310383911.

Stogdill, R. M. (1950). Leadership, membership and organization. *Psychological Bulletin, 47*(1), 1–14. doi:10.1037/h0053857.

Stogdill, R. M. (1974). *Handbook of leadership: A survey of the literature.* New York: Free Press.

Thorpe, R., Gold, J., & Lawler, J. (2011). Locating distributed leadership. *International Journal of Management Reviews, 13*(3), 239–250. doi:10.1111/j.14682370.2011.00303.x.

Turner, C. E. (1933). Test room studies in employee effectiveness. *American Journal of Public Health, 23*(6), 577–84. doi:10.2105/AJPH.23.6.577.

Uhl-Bien, M., Marion, R., & McKelvey, B. (2007). Complexity leadership theory: Shifting leadership from the industrial age to the knowledge era. *The Leadership Quarterly, 18*(4), 298–318. doi:10.1016/j.leaqua.2007.04.002.

van Ginkel, W. P., & van Knippenberg, D. (2012). Group leadership and shared task representations in decision making groups. *The Leadership Quarterly, 23*(1), 94–106. doi:10.1016/j.leaqua.2011.11.008.

Wang, D., Waldman, D. A., & Zhang, Z. (2013). A meta-analysis of shared leadership and team effectiveness. *Journal of Applied Psychology, Advance online publication.* doi:10.1037/a0034531.

Waldersee, R., & Eagleson, G. (2002). Shared leadership in the implementation of reorientations. *Leadership & Organization Development Journal, 23*(7), 400–407. doi:10.1108/01437730210445838.

Weinblatt, U., & Omer, H. (2008). Nonviolent resistance: a treatment for parents of children with acute behavior problems. *Journal of Marital and Family Therapy, 34*(1), 75–92. doi:10.1111/j.1752-0606.2008.00054.x.

Werther, S. (2013). *Geteilte Führung in Teams – Ein Paradigmenwechsel in der Führungsforschung.* Wiesbaden: Springer Gabler.

Werther, S., & Brodbeck, F. C. (2014). Geteilte Führung als Führungsmodell: Merkmale erfolgreicher Führungskräfte. *PERSONALquarterly, 1,* 22–27.

Winter, S. K. (1976). Developmental stages in the roles and concerns of group co-leaders. *Small Group Research, 7*(3), 349–362. doi:10.1177/104649647600700307.

Yammarino, F. J., Salas, E., Serban, A., Shirreffs, K., & Shuffler, M. L. (2012). Collectivistic leadership approaches: Putting the 'We' in leadership science and practice. *Industrial and Organizational Psychology, 5*(4), 382–402. doi:10.1111/j.17549434.2012.01467.x.

Yukl, G. A. (2006). *Leadership in organizations.* Upper Saddle River: Pearson/Prentice Hall.

Zohar, D., & Tenne-Gazit, O. (2008). Transformational leadership and group interaction as climate antecedents: A social network analysis. *Journal of Applied Psychology, 93*(4), 744–757. doi:10.1037/0021-9010.93.4.744.

MIX
Papier aus verantwortungsvollen Quellen
Paper from responsible sources
FSC® C105338

If you have any concerns about our products,
you can contact us on
ProductSafety@springernature.com

In case Publisher is established outside the EU,
the EU authorized representative is:
Springer Nature Customer Service Center GmbH
Europaplatz 3, 69115 Heidelberg, Germany

Printed by Libri Plureos GmbH
in Hamburg, Germany